가끔은 이런 날이

Sometimes This Day

정찬우 | 시
Chan Woo Chung
최홍규 | 번역
Hong Kyu CHOE

도서출판 밀레

서문

질량의 무게가 더해질 수록 고뇌와 아픔이 쌓여 필력의 여유로움 보다는 책임과 의무에 대한 상념이 깊어진다. 그럼에도 펜을 놓지 못함은 전생의 인연이 아니었나 싶기도 하다.

하여, 십여년 동안 묶혀왔던 작품들을 한데 모아 자료화 시켜보았다.

충분한 휴식과 여가를 즐길 수 있는 삶이였음에도 불구하고 무엇에 쫓기듯, 하지 않으면 안되는 것처럼 무거운 짐만 지고 살았다. "온종일 수고와 더위를 견디다"는 성경 구절이 생각난다. 단, 한 번의 인생에 조국과 민족과 가족에 대한 사랑만은 외면할 수 없기에 내 스스로가 할 수 있는 일에 목숨을 걸었다.

나는 시를 쓰면서 한편으로는 맑고 깨끗한 순수와 정의가 살아있는 사회를 만들기 위하여 〈문예사랑〉을 발행하여 국내외에 문예부흥운동을 펴가며, 나의 신념과 의지로 그 일을 꾸준히 하고있다. 그럼에도 다하지 못한 후회의 회환만 그림자로 드리운다.

여기 아직 미숙아로 태어난 작품들 일지라도 조용한 아리아의 선율에 맞춰 한편 한편 음미해 주길 기대해 본다.

끝으로 나의 시를 공들여 반역과 평론으로 빛나게 하여주신 최홍규 교수님과 채수영 문학평론가에게 감사드린다.

2014. 10
우면산 기슭에서
정 찬 우

국립중앙도서관 출판예정도서목록(CIP)

가끔은 이런 날이 : 정찬우 한·영 대역시집 = Sometimes th
is day : poems of Chan Woo Chung a new collection / 시:
정찬우 ; 번역: 최홍규. -- [서울] : 밀레, 2014
p. ; cm

한영대역본임
ISBN 978-89-97815-08-1 03810 : ₩10000

한국 현대시[韓國 現代詩]

811.7-KDC5
895.715-DDC21 CIP2013024087

PREFACE

As the weight of mass increases, so agony increases. The faith of duty and responsibility rather than the allowance of writing become deep. In spite of that writing creative works might be connected with karma from the previous life. In this autumn I dare publish the anthology of my poems that I have been writing for the last ten years.

Although I might live leisurely, I feel that I am chasing after by something. I live with some burden willingly. This circumstance reminds me of a passage in the Bible: "Bear the burden and heat of the day". I write poems and publish periodically a book titled *Munyesarang*.
"Munyesarang" means "love for literary works", It is an anthology of poems and essays of famous writers. The anthology has been publishing for the last ten years. The affair is a sort of Renaissance movement.

Life is only one to anybody. I dedicate myself to those valuable works because I love my fatherland, nation, and family. Nevertheless there are shadows of some regret and remorse because it is difficult to do the works satisfactorily. Although these poems would be partially unrip I wish that readers appreciate my poems on the soft melody of aria.

Finally I must sincerely thank Professor Hongkyu Choe, Soo Young Chae, for his elaborate translation and cliticism that illuminates my poems.

Autumn 2014
At the foot of Mt. Woomyen
Chan Woo Chung

1부_들려주고 싶은 이야기

2부_집념의 씨앗

1부_I'll Tell You a Tale

2부_The Seed of Stubbornness

3부_사랑이야기

4부_삶의 여정

3부_A Love Story

4부_The Journey of Life

5부_환희, 그 절정의 얼굴들

작품해설

시인 약력

번역자 약력

5부_Faces of the Great Jubilation

Criticism

About the Author

About the translator

어둠을 닦아

영롱한 햇살을

쓰라린 가슴의 상처를 불태워

환희에 젖은 함성을

…

들려주고 싶은 이야기
I'll Tell You a Tale

Wipe out Wipe out darkness
And greet brilliant sunlight
Burn aching hurt of the heart
Scream wetted with mirth
…

사랑은

사랑은 떨림으로 왔다
잔잔한 호수로 잠드는 것

시공(時空)의 흔들림 속에
바람으로 꽃잎으로
무지개로 눈꽃(雪花)으로
조용히 치솟는 불꽃의 향연

사랑은
고뇌와 희열
슬픔과 기쁨의
폭풍우 속에서도
사랑불에 타는 행복

사랑은 그렇게
싱그러운 신록의 목소리로 왔다
사랑한다,
사랑한다 외치면서
꿈으로 잠들게 하는 환희

Love Is

Love came trembling
Falling asleep to the calm lake

In the flicker of time and space
By petals in the wind
By rainbow in the snow
Feast of flame rising quietly

Love is
Agony and ecstasy
Despite in the storm
Of sorrow and joy
Happiness on the burning fire in love

Love is
Came like the voice of lush greenery
I love you,
I love shouting
The ecstasy of sleep by dream.

가끔은 이런 날이

꿈에서 깨어나
누군가 함께 여행을 떠나고 싶은 날

소롯이 피어오른 묻었던 추억
침묵으로 일관된 가슴앓이 하던 날

가끔은 이런 날이 그리워진다

고독이 고독을 낳아
그리운 님의 향기에 취하고 싶은 날

따끈한 차 한 잔에
허전함 달래주는 달콤한 사람 만나고 싶은 날

가끔은 이런 날이 그리워진다

촉촉이 내리는 봄비에
대지의 생명으로 움트는 새순처럼
흔들리는 가슴 일깨워 주는
그리운 사람이 만나고 싶은 날

가끔은 이런 날이 몹시도 그리워진다

Sometimes This Day

Waking up from a dream
The day when I want to travel with someone

Keeping memories to myself rising up stealthily
The day of heartburn is consistent with silence

Sometimes I miss this day

Loneliness is borne upon loneliness
The day when I want to take in the fragrance of
beloved

With a cup of hot tea
The day when I want to meet someone who heals
emptiness sweetly

Sometimes I miss this day

Moisture in the spring rain
Like sprouting by life force of land
To awaken swaying heart
The day that I want to meet missing anyone

Sometimes I miss this day deeply.

그대 있기에

불타는 노을에
꿈으로 번진 조개구름
황홀의 극치다

바다 저편에서 밀려온
격랑의 파도는
침잠된 갈대의 바람으로
잠재우고
소스라치게 움켜진
세월의 끈은
푸른 숲을 이루어
마음의 평온을 노래한다

이 세상
단 한 사람
당신이 있어 행복했고

세상 끝나는 날
흔적으로 남길 시 한 편 있어
삶의 의미를 갖는다

Because of You

To the glowing twilight
Shell clouds smudged in a dream
The culmination of trance

Pushed out of the sea of the other side
Rip tides sleep
By the wind of reeds in immersion
Grabbing clutch is frightened
A string of years
Makes green forest
Singing peace of mind

In the world
The only one who is you
So I've been happy because of you

The day that the world ends on
I leave a poem of the trail
And I have meanings of life.

바람이어라

만남이건 이별이건
운명 같은 바람이어라

사랑도 미움도
마음의 아픔을 견디지 못한
바람이어라

성공도 실패도
갈림길에선 갖가지 사연도
인생의 덧없는 바람이어라

작열하는 태양도 빙하의 암초도
세월 따라 변해가는 바람인 것을

번민과 집착을 왜 하는지
애써 가꾼 인생사
빈 몸으로 가는 바람인 것을

바람처럼 맑고 상큼한
신선한 걸음으로 이 생(生)을 살다
바람처럼 가는 거야

It Is the Wind

Whether an encounter or a farewell
It is the wind like a fate

Both love and hatred
It Can't persevere agony
It is the wind

Neither success nor failure
Affairs on divergent roads
It is transient wind if life

The burning sun and glacier reefs
It is the changing wind
Along with the time and tide

Worry and tenacity are useless
For the laborious life
It's the wind of empty body

The wind is clean and fresh
We should live with light steps
And leave this world like the wind.

벚꽃 피던 날의 당신

봄볕의 기지개 속에
한 잎 두 잎 피어나던 꽃 봉오리
병상에서 내려다 본 세상은
온통 벚꽃의 향연이었다
그 흐드러진 꽃 속에 아버님은
조용히 서 계셨고
그 짙은 향은 천국을 향해
기나긴 여행을 떠나셨습니다

오늘도 저렇게 화려한 날에
내 그리움과 기다림은
조용한 떨림으로 소용돌이치며
흐느끼고 있습니다

평생을 사랑과 봉사와 희생만을 강조하시고
우애와 조국애에 남다른 열정을 보이시던
그 모습
오늘도 내 혼미한 잠을 깨워
채찍질 하신 아버님

언제나 그 큰 뜻 따르려는
의지는 있으나
바람에 흔들리는 촛불 같은 존재이기에
소리 없이 울부짖는 들풀이 되었나 봅니다

당신의 그 큰 한(恨)의 눈빛을 마주하면
언제나 화사한 빛과 꽃의 향연이 펼쳐지고
그 속엔 언제나 당신이 서 계십니다

Father in the Cherry Blossoms

In the early spring
Cherry blossoms began to bloom
In the sickbed you looked out
The feast of cherry blossoms
You stood in the blossoms silently
The strong fragrance started
The long journey to the heaven

Today is as splendid as that day
I sob longing for you
My heart throbs and whirl

You placed emphasis upon
Lifelong love, devotion, and sacrifice
You enthused brotherhood and patriotism
Even today you awaken me, father

I have always intended to
Follow your great will
I am only like a flickering candle
I might become wild grass
That cry out without sound

When I think of regrets
Splendid light and feast of blossoms
Are spread before me
You are always in those images.

가을엔 사랑을 하자

푸르름이 붉게 물든 계절엔
사랑을 하자

황금빛 넘실대는 들판엔
구리 빛 나눔을 베풀고
고독을 즐기는 가을 소리엔
여행을 떠나자

고독(孤獨)이 고독을 낳아
고독의 밀어(密語)가 화살로 박히면
우리 모두 사랑을 하자

모든 것이 떠나고 난 잊혀진 계절엔
행(行)하지 못했던 사랑의 마음
마음껏 쏟아 붓고

풍성한 가을이 머무는 시간엔
우리 함께 멋진 사랑을 하자

Let's Love in Autumn

When seasonal greenery turns red
Let us love

In surging golden fields
Give coppery sharing and
In sounds of autumn to be solitary
Let go to trip

Loneliness is borne upon loneliness
Be stuck whispers of loneliness as arrows
Let all of us love

In the forgotten season when everything gone
A heart of love that it didn't do
Pours out heartily

Staying in time for a affluent autumn
Let us love together splendidly.

기쁨이 있는 날

그토록 많은 날 중에
오늘이 있음이 얼마나 다행인가
어제도 내일도
또 다른 많은 날들이 있어도
오늘이 있기에
기쁨이 주어진 날

괴로움과 슬픔
고통과 번민의 날이
더 많을 지라도
오늘이 있기에
더 행복하였노라

그런 날
지극히 사랑하며
어딘가 숨어서
그 기쁨이 살아있는
오늘 같은 날

A Joyful Day

Among such many days
How fortunate that today is
Yesterday and tomorrow
Even if there are so many different days
Because of today
I am joyful

Bitterness and sorrow
Although the days of the pain and anguish
Are more than lovely days
Because of today
I'm happier than any time

In such day
Love heartily and hide somewhere
Delight is alive
On such a day like today.

바램

어둠을 닦아
영롱한 햇살을
쓰라린 가슴의 상처를 불태워
환희에 젖은 함성을
굶주린 희망의 열병
새싹의 꽃으로 활짝 피워지길
이 작은 바램도
커다란 욕심이라면
정령, 어찌해야 하나요
차라리 큰 소망
불러들여 주정이나 할까요

A Hope

Wipe out Wipe out darkness
And greet brilliant sunlight
Burn aching hurt of the heart
Scream wetted with mirth
Hungry fever of hope
May bloom the flowers of sprouts
If this little hope would be a desire
For sure, what shall I do ?
Preferably with a bigger desire
Could I lose to control of myself in drink ?

들려주고 싶은 이야기

어둠의 빛을 깨뜨려
하이 얀 날개로 들어선
당신의 얼굴은
보이지 않는 희망이
잡을 수 없는 기쁨이
은하수로 쏟아지고 있다

이럴 땐 그저 환한 미소로
빙긋 윙크 하련다

온갖 빛이 창포를 쓰고
어두운 터널을 지날 때면
무언의 가슴으로
꼬옥 껴안아 줄 텐데

빛의 장난이 영글어 열매 맺을 때
당신을 사랑한다는 가벼운 말 대신
단 하나뿐인 마음의 창 열어
심장의 고동소리 들려주련다

I'll Tell You a Tale

You thrust darkness with light
And came with white wings
Your face is full of hope
And pleasure like milky way

At this time for you
I wish to wink smiling

All lights of iris colors
Pass through the dark tunnel
I would hug you firmly
And heartfully without saying

When playing of lights bears fruits
Instead of saying, "I love you"
I will open the only window of my heart
And let you hear beats of my heart.

시인의 길

너는
선비중의 선비요
미래를 설계하는 예언자인 것을

펜과 글은
정의를 일컫는 말이며
말은 곧
세상을 휘두르는 칼인 것을
잊었는가

너의 몸짓
너의 눈짓
너의 손가락이
천년을 넘나드는 묵시인 것을

The Way of a Poet

A poet, you are a scholar of scholars
You are a prophet
Who plans the future

Pen and writing mean justice
Did you forget that
Speech is a sword
That wields the world

Your gestures
Your eyes
Your fingers
Those are the revelation
That has survived for a thousand years.

뿌리의 땅
-내 고향-

월출(月出)의 정기 흘러 흘러
대인(大人)의 열매 주렁주렁 열렸으니
천하(天下)의 고장 아니던가

넓고도 뿌리 깊은 영암(靈巖)의 맑은 물
세기(世紀)로 흘러들어
세상을 우러러 통한(統韓)의 길 열리우니
이곳이 내 뿌리의 고향 아니던가

메뚜기 목을 꿰던 꿈 많던 어린 시절
소망으로 이루어 놓고
정(情) 많고 인심 좋은 풍요 땅
이곳이 내 쉬어 갈 곳 아니던가

세상을 평정한 위인들아
세상 밖의 세상 여기 있나니
너도 나도 돌아와 함께 살아갈 곳
이곳이 아니던가

The Land of Root
-My Hometown-

The spirit of moonrise flow down
Many great people were produced
It's the best town under the Heaven

Broad and deep-rooted clear Youngam
Flows into the century
And opens the way through Korea
It's the place where I was born

When I was a child
I had many dreams
I used to catch locusts
The rich village was full of love
It's the place where I take a rest

Great people subdued the world
There is a world out of the world
It's the place where
We all live together.

뜻을 세워 뿌려 온
반평생 고난의 씨앗들
세기의 곳곳에 꽃향기로 넘쳐나
한민족의 혼으로 솟구친다
…

집념의 씨앗
The Seed of Stubbornness

The seeded Korean books laboriously
For half of my whole life
Now there are some books
In many libraries in the world
It is the spirit of Korean people
...

가을 하늘

바람이 가을빛을 가르며
곱게 물든 잎새들은
색동옷 엽서되어 흩날리고
늦가을 가로수 길엔
바바리코트의 여인이
연서(戀書)를 쓰느라 분주하다

세월이 불붙는 자리에
또 다른 생명의 꽃 피어
바람으로 구름으로
서녘 노을 물들이면
조용히 닮고 싶은 가을 빛 하늘

내 생명의 원천
훨훨 날려 보내
청자빛 허공에 매달고서
마지막 생을 그렇게 닮고 싶다

Autumn Sky

Wind blows up autumn tinge
Colorful leaves become
Many pieces of cloth with stripes of colors
At the roadside of lined with trees
A woman worn Burberry coat
Is busy writing a love letter

On the site where time fires
Another flower of life blooms
Twilight is tinged by wind and cloud
I wish to resemble autumn tinged sky

It's the source of my life
Fly it and hang the emerald sky
I wish that the remainder
Of my life resemble that way.

설산(雪山)의 메아리

어둑한 빛 사이로 소리 없는 풍설(風雪)은
앞을 가리지 못하게 쏟아 붓는다
헌 누더기 배잠뱅이에 추위를 감추고
생솔(生率)가지를 꺾던 까까머리의 미소년이
울부짖듯 탄성의 메아리를 내뿜는다

한 움큼만 더하면 노모(老母)의 싸늘한 체온을
녹일 수 있다는 일념에
생기돋힌 발걸음이 허공을 날고
무릎팍을 넘어선 은하의 세계 속에
모정을 향한 진한 땀방울을 쏟고 있다

눈물 반 기쁨 반의 연기 속에
생솔 타는 불꽃은
가난을 바꾸는 희망의 원동력
사랑의 뿌리였다

오늘 같은
눈발이 날리고 귓불이 얼어붙는 날엔
내 어린 시절 동구 밖 어구를 맴돌며
땀방울 흘리시던 어머니 모습
생각에 잠겨 잠겨
고향엘 가고 싶다

먼빛에서 손 흔들며
주렁주렁 엮어주던 당신의 사랑들

Echoes of the Snowy Mountains

Through the dim light the sound of wind and snow
Pour and cover front vision
Wore knee–length pants in old rags hidden in the cold
A good–looking croppy boy snaps pine twigs for fuel
Flush echoes of a sigh like scream

When add a handful for the old mother
Of low temperature that can be dissolved
Steps are flying in the air
In the world of galaxies beyond a knee
Sweat is pouring toward the love for mother

In the smoke of half tear and half joy
The burning flame of pine twigs
The driving force of hope to change poverty
Was the root of love

Like today
When flurry of snow and earlobe is frozen
Whirling around the entrance to a village in
  childhood
Mother's figure shedding sweat
Reflectively
I want to go to my hometown

Waving a hand in the far light
Your loves weaved in full bearing

난 아직도 돌려드리지 못하고
받고만 있는 어리석음만을 짓고
싸늘함과 쓸쓸함이 엄습하는 날이면
언제나 가고 싶은 곳
당신의 그늘 입니다

I could not still return them to you
Stupidity, but only under taken
When chill and loneliness make a sudden attack
Always where want to go
It's your shade.

어머님

잔잔한 사랑의 빛으로
강을 이루는 어머님의 푸르름
당신의 생명으로 태어나 철없이 자란 세월도
끝없는 인내와 용서로 감싸시며
넘치는 은혜와 베품의 정 쏟던
인자하신 그 모습
세월 속에 희미해져가는
어머님의 그림자

삶의 고난과 역경 속에도
항상 살아 숨 쉬는 그 이름
거룩한 그 모습입니다

거칠어진 손마디
억새풀처럼 휘날리는
하이얀 정 일지라도
영원한 그리움으로
영원한 생명으로
사랑 넘치게 하소서

Mother

Soft light of Mother's love
Made a blue river
I was born by you blessedly
Though I was indiscreet
You forgave me with perseverance
You bestowed a favor on me
You were kind and affectionate
Your shadow fades out

You lived without being discouraged
By hardship and diversity
You were sincere and holy

Your hands roughened
White affection like a eulalia
May eternal yearning and life be
You make our life fully happy.

집념의 씨앗

지구촌 구석구석 마다
널려 있는 세기의 도서관들엔
저마다의 민족의 뿌리들 난무한데
한글 맞춤표 하나 보이지 않는
동방의 작은 나라

내,
그토록 바라던 무언의 희망이었건만
글을 읽지 않는 민족의 책
꽂아서 무엇하냐는 핀잔 속에

뜻을 세워 뿌려 온
반평생 고난의 씨앗들
세기의 곳곳에 꽃향기로 넘쳐나
한민족의 혼으로 솟구친다

건곤감리(乾坤坎離) 태극기
세계의 하늘 펄럭이며
한글의 세종대왕 배꼽내고 춤을 춘다

의지로 엮어낸 일생의 집념 하나
이제는 우리 코너 만들어 놓고
책 보내 달라 아우성이다

뜻있는 자 믿음이 만든
조국의 얼
세세만년 꽃피고 향내 뿜어
열매로 뿌려진다

The Seed of Stubbornness

Every corner in the globe
There are libraries in which
Are many books from each nation
But there are not any book of Hangeul
Korea is a small country of the East

I have wished that I should
Distribute the books of Hangeul
They blamed me for the use of the books
Whose people neglect to read books

The seeded Korean books laboriously
For half of my whole life
Now there are some books
In many libraries in the world
It is the spirit of Korean people

The Korean flag stands for heaven and earth
Now it flutters in the sky of the world
The Great King Sejong is inventor of Hangeul
He dance delightfully exposed navel

The stubbornness of my lifelong will
Let them make Korean book corner
And request me send Korean books

My will brought people faith
The spirit of fatherland
Will bloom and bear fruit
Continue long and long in the future.

밤이 깊었습니다

밤이 깊었습니다
별빛만이 초롱이 반짝이는
어둠 속에서
또 다시
내일을 잉태해야 하는
고달픈 밤입니다

바람결에 스쳐간
당신 얼굴 그리워
화첩(畵帖)을 펼쳐 본 공허한 마음에
별빛마저 차갑습니다

허공(虛空)을 수놓는
은하수처럼
메마른 가슴에
활활 타 오르는 모닥불
지펴 보렵니다

The Night Grew Late

The night grew late
Only stars twinkle
In the darkness the weary night
Get pregnant tomorrow again

I yearn your face in the wind
I open the album
The starlight is cold
Because my heart is void

As the milky way embroiders the sky
I build a bonfire
In the dry heart of mine.

문학의 길

어둠을 밝히는 빛이 태양이라면
우주를 밝히는 빛이 문학임을
어찌 모른다 하겠는가

문학이 지성이요 진리이며
사랑이고 봉사의 길임을
어찌 모른다 하겠는가

인간이 없는 세상
문학이 없는 인간사
어찌 상상할 수 있겠는가

이 시대의 지성이여
이 시대의 사랑이여
올곧은 삶의 좌표를 찍고
어서 깨어나라

그대만이 희망이며
그대만이 세상의 빛임을
어찌 모른다 하겠는가

The Way of Literature

As the sun lighten darkness
So literature lighten the universe
How would you don't know it

Literature is intellectual and truth
The way to love and serve
How would you don't know it

A world without human being
Human history without literature
How could you imagine it

The intelligence of this age
The love of this age
Taking the coordinates of upright life
Wake up in haste

Only you are the hope
Only you are the light of the world
Why would you not know it.

초암산 축제
–철쭉꽃의 향연–

산불이 났네
산불이 났네
운무에 쌓인 능선 따라
초암산 허리 감고
활활 산불이 치솟고 있네

아담한 바위틈 사이사이로
삼보향(三寶鄕)*의 기상 안고
온통 불의 바다를 이룬 철쭉꽃의 환희

조국 독립의 원혼도
타버린 가슴 부둥켜 안고
숨긴 눈물 흘리면서
흐드러지게 웃는 이 꽃밭

불이 불붙고 있네
산불이 불타고 있네

* 삼보향(三寶鄕) : 의향(義鄕), 예향(禮鄕), 다향(茶鄕)을 일컬으며 보성군의 상징임

The Festival of Mt. Choam
–The Feast of a Royal Azalea Blossom–

Wildfires !
Wildfires !
Along the ridge veiled in cloud and mist
Close the back of Mt. Choam
Roaring fires soar

Between small rocks
Hold in spirit of Sambo–Province
The delights of royal azalea blossom
That accomplished the sea of fire

Also the furies of independent country
Holding the burnt out heart
Drawing the hidden tears
Blossom around smiling flower garden

Fire breaking out !
Wildfires burning !

* Sambo–province of justice, and tea
Those are the Symbols of Bosung–gun

기도하게 하소서
-사랑의 기도-

하늘이 높고 푸르른 계절엔
풍요와 빈곤을 접어두고
깊고 넓은 사랑 나누게 하소서

낙엽이 흩날려 뿌리로 돌아가는 날
또 다른 생명을 위한
당신의 은총 빛나게 하시고

이 밤,
깊이 잠든 우리들의 영혼
은빛 찬란한 영광으로 불러들여
큰 열매 맺게 하는 도구가 되게 하소서

가장 아름답고 빛나는 은총아래
당신의 그윽한 향
멀리 멀리 넘치게 하시고

이처럼 아름다운 날
홀로 방황하는 내 영혼에 깨우침 주는
은혜에 보답하는 기도하게 하소서

사랑과 베풂의 정 함께 나누며
백합과 장미의 긴 터널 지나
당신의 뜻 넘치게 하소서
당신의 영광 온누리에 뿌리소서

Let Us Pray
–The Prayer of Love–

In the season of high and blue sky
Apart from being rich and poor
Let us share deep love

Leaves fall and return to their roots
For the sake of a new life
Brighten your grace

At this night
Our souls sleep deeply
Summon the souls with glory of brilliant silver
Make them tools that bears big fruits

Under the most beautiful and brightest grace
Your sweet scent
Let it brim over far and wide

In such beautiful day
Wake up our souls that wanders alone
Let us pray to repay your favor

We share love and benefit together
Pass through a long tunnel of lilies and roses
Let your meaning of life flow over
Scatter your glory in the world.

소(丑)
– 침묵 –

힘 있는 자 어리석은 자 할 것 없이
목청만 두드리는 세태 속에
껌벅 눈만 굴리며 충성만을 맹세한
되새김질의 너는
누굴 위한 삶 이드냐

네게 주어진 운명에
순종과 복종으로 믿음만을 강요당하지만
온갖 고통 침묵으로 일관된
너의 기개(氣槪)는 어디서 나오는 것이드냐

세월의 무게도 논리의 깊이도 아닌
오직 너 만의 침묵
너 만의 깊은 사색을
무지(無智)의 인간에게 나누어 줄 수는 없느냐

바라지도 원하지도 않는 무욕(無慾)의 삶
희생과 봉사만이 전부인 너는
뜻있는 자의 눈과 가슴을 뜨겁게 달구는
무언(無言)의 힘일지니
방종(放縱)의 경고일지니

A Cow
-Silence–

Either the powerful or the foolish
Tapping at the pitch of one's voice
Into the prevailing state of society
Swear allegiance only rolling eyeballs
Your being is a sort of rumination
For whom the life is

The fate given to you
But only to be compelled to the faith
By obedience and subordination
Consistent with all kinds of suffering silence
Where is your spirit come from

Neither the weight of time nor the depth of logic
Only your own silence
Only your own deep contemplation
Could you share it the ignorance of the human being

Unselfish life neither wants nor wishes
Only sacrifice and service are yours
To the eyes and hearts of the worthwhile people
You're a unspoken power
You're a warning of indulgence.

팔월은
-쉬어가는 날-

꿈으로 가득 찬 첫날의 환희
미끄러지듯 달리고 흘러만 가는 세월 속에
오고 가는 화신(花信)의 목마름이 가시기도 전
온난화의 뙤약볕이 가슴을 멍들게 한다

앞만 보고 달리는 하이에나의 꿈
정상만을 향하는 에베레스트의 꿈
절반의 성공과 마지막의 환희를 위한
축배의 기다림
그 날을 향한 오늘의 되돌림이 팔월이거늘
몸도 마음도
땀에 젖은 혼미한 영혼도
잠시 쉬어가는 날

파도로 밀려온 밀물과 썰물의 만남으로
팔월은 그렇게
생(生)을 돌아보게 하는 또 다른 계절이다

August
-Might Be a Rest Month for a While-

The joy of the first day filled with dreams
In the years running as flow and slide
Before disappearing thirst of tidings
Of the approach of the blooming season
The heart is bruised by dazzling sunshine of global
  warming

Looking straight ahead running hyena's dream
The dream that only towards the top of Mt. Everest
For the last joy and half of success
Waiting for a toast
Today's retracement towards that day is the August
Body and mind
Shaking sweaty soul
Rest month for a while to go again

In the meeting of the ebb and flow of waves
So August is
Another season to be looking back to the life.

차 한 잔의 향연

가을엔 깊은 향이 우러난
따끈한 차 한 잔이 그립다

길게 늘어진 햇살의 창가에
하얀 미소로 다가선 그대와 함께
코발트 빛 향을 띄운
은빛 찻잔에
목화솜 보다 부드러운 미각을 담아
오손 도손 마시고 싶다

눈부시도록 아름다운 갈잎 사이로
가슴 뭉클한 그대의 미소와
달콤한 사연을 가득 싣은
노스탤지어의 멜로디 속에
깊고도 진한 차 한 잔이 그리도 그리운 시간

The Feast of a Cup of Tea

In fall I miss
A cup of hot tea with deep flavor

Elongated sunshine of window
Together you get near with white smile
Cobalt color incense floated
In a argent teacup
Put the taste softer than cotton
Want to drink talking harmoniously

Between dazzling beautiful fallen leaves of the oak
Your smile is filled with emotion
And laden sweet story
In the melody of nostalgia
Yearning time of deep and dark tea.

새싹이 영글어가는 시절
설레이는 금빛 사랑 보았네
탐스럽고 빛 고운 정념에
눈멀고 귀먹는 사랑 있었네
…

사랑이야기
A Love Story

When sprouts grow
I saw golden love throbbingly
I was blind and deaf
Owing to the enviously true love
...

갈대숲

늪지에 고향을 둔
꺽다리 총각들이
갈색 머리를 풀어 재치고
온 몸으로 울어 댄다

낮이고 밤이고
갈기갈기 찢기운
가슴 앓이를 토해내고
무심코 지나는 인간이 싫어
더욱 더 큰 소리로 울고만 있다

아마도
고지(高地)에 고향을 둔
억새 처녀가 보고 싶나 보다
하이얀 솜털 머리 가냘픈 몸매가
그리도 보고 싶나 보다

햇볕 쏟아지는 날
고향 찾아든 철새에
분홍빛 연서(戀書)를 입에 물려
날려 보내고
연두빛 답장을 기다리는
바람의 울음으로
온 몸을 날리고 있다

A Forest of Reeds

Tall bachelors whose homes would be in marsh
They weep with their
Long and united brown hair
Shaking their bodies

Day and night
Reeds vomit the fever of heartburn
They hate indifferent man
And thus they weep louder

Probably
Reeds might yearn maid reeds
That live in higher places
They wish to see the maids eagerly

In a sunny day
The reeds request migratory birds
Deliver their love letters to the maids
And they wait for responses
They are shaking their bodies
Along with the weeping winds.

가을
–낙엽 길–

사색(思索)으로 얼룩진 낙엽 길엔
가냘픈 코스모스 춤사위를 펴고
구절초 방긋 방긋 손짓을 하면

굽이쳐 흐르던 계곡은
어느덧 스산한 물줄기를 내 뿜고
사랑 노래 구슬피 울어 댄다

세월은 가면무도회처럼
오색찬란한 여운을 입고
꿈과 낭만은 지루한 침묵으로
해거름을 밟고 있다

서녘의 빛이 돌고 돌아
또 다른 상념을 꽃피울 때면
인고(忍苦)의 시간은 저 만치 비켜 서서
푸른 꿈을 향한 축복의 잔을 들고 있다

내면의 충돌이 무지개로 피어올라
색색이 아롱지는 추억을 찾아
갈잎 한 장 날려 보낸다

Autumn
–The Road of Fallen Leaves–

Meditation occupies the road of fallen leaves
Cosmoses toss their heads and dance
Hosts of Siberian chrysanthemums gesticulate

The running valley water
Changes its stream into gloom
It sing sadly the love song

Time is like a masked ball
Reverberation shines brilliantly in
In various colors
Dream and romance tread
Silently the sunset

Twilight of the west sky
Bloom other meditation
The time of patient endurance
Glasses of blessing for blue dream

A inside collision becomes a rainbow
An oak leave will be flown
Searching for colorful reminiscence.

사랑이야기

새싹이 영글어가는 시절
설레이는 금빛 사랑 보았네
탐스럽고 빛 고운 정념에
눈멀고 귀먹는 사랑 있었네

봉오리져 피어오른 만개의 시절
현란한 불꽃 사랑 보았네
생의 극치 점에 광란의 팡파르 울리고
아기자기 꿈 놀이 사랑 있었네

찬란한 빛 잃어가는 시절
서성이는 그윽한 사랑 보았네
백설이 희뿌연 바람 속에
희미한 옛 그림자 속절없는 사랑 있었네

꽃잎 지기 전
한 조각 빛나는 슬픔으로
서녘 노을 일깨워
열정의 맥박 솟구치는 사랑 하나 있었네

A Love Story

When sprouts grow
I saw golden love throbbingly
I was blind and deaf
Owing to the enviously true love

When the bud of love was in full bloom
I saw flame-colored love
It sounded a crazy fanfare
There was a dreamily harmonious love

When the brilliant love faded out
I saw the lingering love
In blizzard there was a dim shadow
It was transient love

Before petals fall
With a piece of luminous sorrow
There was palpitant love
In the twilight.

깨우침의 길

산을 오를 때 깨닫는 진리 하나
힘겨운 만큼의 거리를
즐길 수 있다는 것

산행과 인생의 진리 또한
평행선을 달리는 길이니
어찌 반갑지 않겠는가

고난과 좌절
죽음의 절벽에서 돌아선 삶이란
그만큼의 희열과 창량한 환희의
즐거움이 있다는 것

포기와 미련은
밀고 당기는 자석과 같은 존재
먼저 가고 늦게 아는
깨우침의 진리가
삶의 향방을 바꾸는
진정한 힘인 것을

The Way of Awareness

When we climb a mountain
We are aware of a truth
We can enjoy the distance
As much as we had hard time

The truth of mountain climbing
And our life is parallel
That is delightful

Distress and frustration
Living that returned from the cliff or death
Has pleasure and mirth to that extent

Abandonment and regret is like
A magnet that pushes and pulls
Earlier goes and later knows
The truth of awareness
Is the real strength
That changes the direction of living.

삶의 의미

씨앗으로 자란 생명체의 원형
촉 눈 틔우면서 부터
바람에 흔들리고 비에 젖으며
원색의 색동옷으로 피어난 꽃들

하늘하늘 저어가는
세상의 빛에
멍들고 깎이면서 굵어진 줄기는
사랑으로 피어난 무성한 가지

세월이 정(情)으로
믿음이 사랑으로
꽃 피고 잎 피워 살아가는 삶 일진데

온풍(溫風)도 한기(寒氣)도
심신(心身)으로 달라진 지혜의 샘

Meaning of Life

The prototype of life as a grown seed
From sprouting put out its buds
Swaying in the wind and get wet in the rain
The flowers bloomed in rainbow–striped garments
Of the primary colors

Paddling out softly
In the light of the world
Thicken stem that sharpened and bruised
Lush branches blooming by love

Years in affection
Faith in love
Living life in blooming flowers and leaves

Also warm breeze and chill
Changed to fountain of wisdom in mind and body.

종착역

한 해가 지는 마지막 날
낡은 종착역엔
소리없는 성근 눈발이 휘날린다

가는 해를 마무리한 몇몇 등산객
산 속으로 빠져들고
눈 덮인 객사(客舍)엔
완행열차를 기다리는
한 쌍의 연인이
플랫폼의 이정표 속에
그리움으로 서 있다

녹슨 레일을 따라 지축을 흔들고 달리던
그 푸르른 사연들
앙상한 겨울역에 추억으로 서성인다

마른 가지에 매달린 잎새 하나와
길 잃은 철새 한 마리
바람 속에 내리는 하이얀 눈발은
적요(寂寥)로만 쌓인다

The Last Station

The last day of an year
In the last railway station
It snows sparsely and silently

To send off a year
Few climbers go to mountain
A pair of lovers
Wait for a slow train
At the snow covered station
They stand on the platform in yearning
Seeing the table of distances

Green affairs used to run tumultuously
Along the rusted railroad
Memories linger around
The desolate winter station

There is a leaf hanging over
A dry branch
A lost migratory bird
In the wind
The snow lies softly on the ground.

일상(日常)

반복되는 일상 속에
오늘도 새로운 태동을 꿈꾼다

와르르 밀려왔다
파도처럼 쓸려가는 저 군상(群像)
기쁨도 슬픔도
고난도 좌절도
일순간에 무너지는 저 허상(虛像)
바람과 번영의 행로
기(氣)와 행(行)의
또 다른 모습으로 탈바꿈하는 저 비상(飛上)

Routine

In the repeating routine
Today we dream a new dream

The crowd ebbs away like seawater
And is on the flow
Delight and sorrow
Distress and Frustration
The virtual image collapses momently
The road of wish and prosperity
Spirit and action combine
And change to a flight.

인생의 교훈
―인생 길―

세월의 중량만큼
허무의 깊이 속에
고요를 묻고 살아온 어리석음의 극치

헤일 수 없이 많은 길
하필이면 한 길만을 고집하였는지
후회 없는 삶이라지만
마음의 허전함 달랠 길 없다

사람 사는 세상 다 그렇다지만
조금은 달라도 되었을 것을
그래도 옹고집스런 미소
너털웃음 인생이여

한 번 뿐인 인생
몸도 마음도
열어놓고 살지
무에 그리 어려워
외길 인생 살았는가

A Lesson of Life

–The Way of Life–

Like the weight of time
In the deep vanity
I have lived silently
In the maximum of stupidity

Among the many ways of living
I insisted on my own way
Though it is regretless life
I feel void

People live similarly
But they live a little differently
The life of obstinate smile
Thus I laugh boisterously

Life is only one
We had better live open–mindedly
It's not difficult to do so
I lived only one way.

독도

소리 없는 함성으로
만년 탑 쌓아가는
동해의 금강
독도여

겨레의 조국에 아침 햇살 뿌려주고
열도의 옷깃에 숙명의 빛 남겼으니
바람의 파도 쉬어가는
반도의 등대지기여

천상의 꿈
영원한 땅 지켜가는
겨레의 혼불이여
반도의 끝자락에 서 있는

너는
희망의 등불이여
조국의 얼(魂)이여

Dokdo Island

Dokdo Island!
You pile the tower of ten thousands
With soundless screaming
You are the Keumgang
Of the East Sea

You lighten your fatherland
With the first sunlight
You left the light of fate
In the clothes of those islands
Winds and waves take a rest on you
Lighthouse keeper of the Peninsular

Dream of the Heaven
The spirit of the nation
That eternally keeps the territory

At the eastern end of the Peninsula
You are the lamp of hope
And the spirit of the fatherland.

돌아오지 않는 외침

세상의 빛이 너무 어두워서 일까
살아가는 마음이 너무 갇혀서 일까
백년도 못다 할 인생 길
가슴이나 열어 놓고 살지

부(富)와
빈(貧)의 열반
삶은 하나인데
모양은 천 갈래 길

울림의 목소리 삼천리에 펼쳐도
돌아오지 않는 메아리
상처만 남긴채
현자(賢者)의 눈동자는 말이 없다

깨우침의 기나긴 여정
어서 돌아와
너도 나도 얼버무려
하나가 되었으면

No Returning Crying

The luminous intensity of the world
Might be dark
The hearts of us might close
We can not live more than 100 years
The heart of us had better open

The nirvana of richness and poverty
Life is only one
But the modes of living are various

Though the voice of reverberation
Resounds around all the Korean Peninsula
The echoes do not return
Only hurt remains
The eyes of sages are silent

The long journey of awakening
Return in haste
You and I may together become one.

한계령 돌아 돌아
대청봉 운무에 쌓인 설악의 계곡
무지개 마냥 변해가는
천혜의 비경 속에
…

삶의 여정
The Journey of Life

Going around Hangyeryeong
The Seorak valley of fogged Daecheongbong
Changing just like rainbow
In blessed hidden scenery
...

아름다운 사람

세상 두려움이 없는
온갖 것 다 가진
하고픈 마음 다해본 사람 보다

모든 것 다 이루겠다는
용기와 희망을 잃지 않는
모험과 도전으로 꿈을 갖는
실패와 좌절에도 허허로운 웃음으로
오뚜기 같은 정신을 가진 사람이
참으로 아름답다

정의와 순수
젊음과 꿈은
시대를 초월한 성공의 자양분이며
희망이 넘치는 아름다운 표정이다

무한대의 상상(想像)
무한대의 꿈은
무한대의 성공이며
무한대의 아름다운 사람이다

A Beautiful Person

Without fear to the world
With all that have everything
More than the person who did everything

To accomplish all that is worth
Do not lose courage and hope
With dreams of adventure and challenge
With easy smile for failure and frustration
A person with spirit like a self–righting doll
That person is truly beautiful

Justice and purity
Youth and Dreams are
Nourishing ingredient of success in timelessly
That is a beautiful expression in full of hope

Infinite imagination
And infinite dreams are
The success of infinity
And a beautiful person of infinity.

삶의 여정

한계령 돌아 돌아
대청봉 운무에 쌓인 설악의 계곡
무지개 마냥 변해가는
천혜의 비경 속에
영성(靈聲)의 귀를 열고 담론을 헤아린다

삶의 향기와 독백의 그림자들
초록바람으로 날려보내
갈증의 해일을 일으켜
평온한 가슴을 일깨운다

생(生)이란 순례의 길
되돌아본 여정(旅情)
바람으로 구름으로 흘러
어느 초가삼간에 풀어 놓고
객주의 길동무나 될까한다

The Journey of Life

Going around Hangyeryeong
The Seorak valley of fogged Daecheongbong
Changing just like rainbow
In blessed hidden scenery
Consider discourse with spiritual open ears

The scent of life and the shadows of monologue
Blowing out by the green wind
Caused the tsunami of thirst
Awakens carefree heart

Life is the way of pilgrimage
The journey of looking back
Wind flow into the clouds
Released in a small thatched cottage
To be a companion of the keeper
Of an inn for merchants.

눈물의 여왕

어느 날 인가
하얀 별이 쏟아지는 창가엔
소슬바람이 불고
치마폭 사이사이로
솜털구름이 조용한 춤사위를 펼치며
지나가는 길에
초롱초롱한 눈망울의 아가씨는
금세 쏟아 부을 것 같은
생수를 머금고 서있다
누군가의 그리움이
아니면 어떤 슬픔의 애잔함이 스치는 듯
침묵의 시간이 흐른 뒤
다소곳한 그녀의 발걸음은 무겁기만 하다
언제나 유리알처럼 맑은 동궁엔
내가 숨 쉬고, 내가 잠들어 있을 그 자리에
이름 모른 추억이 스치고 지나
조용한 충혈을 일으키고
소리 없는 통곡의 어깨춤만 추고 있다

기쁨과 슬픔의 파열음 속에
느낌으로 오는 감각에서도
그 커다란 호수엔
먹구름이 돌고 소나기가 내린다

Queen of Tears

In one day
At the window pouring white star
The gentle breeze blows
Along the edges of a skirt
Fluffy clouds dancing quietly
Passing on the way
A lady who has limpid eyes is
Like pouring out water quickly
Standing and drinking mineral water
Longing for someone
Or going past by delicate sadness
After a period of time of silence
Her modest footsteps are heavy
In the pupils of the eyes always like clear beads
On the place where I breathe and am asleep
Anonymous memories going past by
Causing engorgement quietly
Dancing a shoulder dance of mourning silently

In the plosive of joy and sorrow
Also in a sense of feeling
In the large lake
Dark clouds pour down a shower.

우리 말, 우리 글 사랑
-조상의 얼-

세 살의 나이에
어머니의 입을 따라 종아리는
ㄱ, ㄴ, ㄷ, ㄹ, ㅁ, ㅂ, ㅅ, ㅇ, ㅈ, ㅊ, ㅋ, ㅌ, ㅍ, ㅎ,
ㅏ, ㅑ, ㅓ, ㅕ, ㅗ, ㅛ, ㅜ, ㅠ, ㅡ, ㅣ,
어느 땐 가는 닿소리와 홑소리를 접목시켜
글자를 만들고 소리를 내어 읽던 아득한 옛날
개구리와 참새처럼, 노래도 많이 불렀다
학교 종이 땡땡땡,
나비야 나비야 이리 날아 오너라,
병아리떼 쫑쫑쫑,
줄넘기와 숨바꼭질의 동심들
허기와 굶주림 속에서도
가족과 친구와 조국과 우리 말, 우리 글 사랑이
무엇인줄 알았다

풍요와 번영의 바람타고 날아든 세월
꼬부랑 글씨와 혀 짧은 소리에 매료된
이 시대의 젊은이들
노오란 병아리들의 엉덩이 춤에
힙합을 즐기더니
기러기 가족, 하이에나 가족으로
반목과 갈등, 경쟁과 투쟁의 이념아래
변질된 사랑의 씨앗만 난무 한다

Our Beloved Language
−The Spirit of Ancestors−

At the age of three
Along the mouth of mother
ㄱ, ㄴ, ㄷ, ㄹ, ㅁ, ㅂ, ㅅ, ㅇ, ㅈ, ㅊ, ㅋ, ㅌ, ㅍ, ㅎ
ㅏ, ㅑ, ㅓ, ㅕ, ㅗ, ㅛ, ㅜ, ㅠ, ㅡ, ㅣ
When one goes to a consonant and a vowel by combining
It was old time when I combined letters to read aloud
Had a lot of songs like a frog and a sparrow
School bell, clang−clang
Butterfly, come flying here
A flock of chick, jong−jong−jong
The child's mind of jump rope and hide−and−seek
Despite hunger we knew what the love for
Family, friends, country, and our beloved language

These years flew to abundance and prosperity in the wind
Attracted by foreign languages and the lisping sounds
Young people in this era enjoy
The hips dance of yellow chicks
Wild goose family, hyena family
Because of antagonism and conflict, competition and struggle
The transubstantial seeds of love rampantly prevail

생명의 근원인 나와 가족,
조상과 조국의 뿌리 없이
참사랑이 존재할까나
내 것과 우리 것을 소중히 가꾸고 귀히 여길 때
진정 참사랑을 노래 할 수 있으리니
진정 조국을 노래 할 수 있으리니

The source of life is family
Without the roots of ancestors and fatherland
Does true love exist?
When cherish and grow valuably mine and ours
We will be able to sing really true love
We will be able to sing really fatherland.

한려수도

코발트빛 하늘과 바다 사이에
촘촘히 떠있는 조각들
그 속에 내가 서 있고
운무와 해무는 나를 덮고 있다

굽이굽이 돌아가는
호수 같은 포구엔
숱한 고깃배의 깃발이 난무하고
저 넘어 깊은 곳엔 이름 모른 군함이 졸고 있다

한때는 철갑선의 위용에
떨고 돌아서는 왜구들의 뒷모습이 바다를 수 놓고
침잠되었던 그 시간에
동양의 나폴리라 불리는
지상의 낙원인 통영항은
청마를 기리는 시인들 모여
꿈의 잔치를 베풀고 있다

Hallyeosudo

Between cobalt sky and sea
Pieces are floating densely
I'm standing in it
Mist and sea fog is covering me

Turn and go meanderingly
In an inlet like the lake
Flying around countless flag of fishing boats
Beyond that a nameless warship looks deeply asleep

At one time in the grandeur of an ironclad ship
Japanese pirates covered the sea and escaped
A that time were sinking in the sea
Tongyeong harbor is called Naples of the Orient
It is the paradise on earth
Poets gathered to honor a famous poet Chongma
Are giving the feast of dream.

철새의 낙원

생명의 낙원 찾아
수만리 길 날아 찾아든 고향 땅
해 오름 달빛으로
은빛 여울 출렁일 때면
해오라기, 청동오리,
기러기, 원앙새도
모두가 한 가족 되어
군무(群舞)를 펼친다

늪지에 안락한 가정을 꾸린
검은머리 물떼새는
산란의 기쁨에 춤을 추고
기름진 먹이를 나르는 비상을 꿈 꾼다

바람에 온몸을 풀어
울어대는 갈대숲엔
서녘의 황혼 빛과 조화를 이룬
천만 가족의 비상(飛上)이
축제의 군무를 이루고 있다

천혜(天惠)의 땅
영원한 고향
서천의 금강호는
세계를 어우르는 철새의 낙원이여
새 생명 이어주는 탄성의 메아리여

The Paradise of Migratory Birds

Migratory birds come to the paradise
Flying by the thousands miles
At sunrise and under moonlight
When the silvery river waves
Night herons, wild ducks,
Wild geese, mandarin ducks
They all become one family
And they dance in groups

At the comfortable roost in marsh
Black crest plovers dance pleasantly
After laying eggs
They dream the flight for rich prey

In the field of reeds
Reeds weep shanking united bodies
At sunset it's harmonious light
Thousands of birds dance in groups
It's really marvelous

Kumgang Lake of Seocheon is
Naturally advantageous and eternal home
It's the global paradise of migratory birds
Hear the exclamatory echo of life.

삶의 힘

사랑과 봉사
용기와 지혜는
마음의 힘과 풍성함에서 오고

미움과 갈등
불평과 의심은
마음의 허약과 황폐에서 오는 것

마음의 힘에서 아름다움이 태어나고
사랑에서 연민이 태어나는 것

평화란 싸움이 없는 것이 아니라
마음의 힘으로부터 생긴다

The Power of Life

Love and service
Courage and wisdom
Coming from the power and profusion of mind

Hatred and conflict
Complaints and doubts
Come from weakness and desolation of mind

Beauty is born from the power of mind
Compassion is born from love

Peace is not free from a fight
But formed from the power of mind.

동강의 아침

여명의 벽을 뚫고 드러나는 형상
고요의 새벽을 창문이 두드린다
열 두 폭의 동양화가 운무에 가려
시시각각 변모해 가는 꿈의 세계
뽀오얗게 피어오른 물안개의 환상은
김삿갓이 아닌 어느 누구도
가슴을 비워낼 수밖에 없는
천혜의 비경(秘境)이다

'강건너 하늘정원' 주인장
산책길 따라 안내하며
깡충이도 꼬끼오도 울 밖을 뛰놀며
밤줍고 대추줍는 깜짝쇼 벌어지고
빠알갛게 달구워진 햇살은
젓무덤 사이로 고개 내밀며
싱그럽게 손짓한다

동강 따라 오른 노루목 골짜기
구절초 향 만발하고
하늘이 두려워 삿갓 쓴 난고(蘭皐)
봇짐 매고 서있다
너도 나도 지팡이 든 삿갓이 되고픈
방랑 시인들
저마다 흉내를 드러낸다

The Morning of the Dong River

The shape that gushes out of the wall of daybreak
The windows knock the dawn of calm
Obscured by the mist of the oriental painting
Which in twelve–folded screen
World of dreams changing momentarily
The illusion of fog rising creamily
No one else Kim Sat–Gat
Not forced to be empty heart
Is the blessed unexplored regions

The host of the 'sky garden across the river'
Guide promenade along and
Rabbit even cock–a–doodle–doo leaping out of the fence
Is going to pick up surprisingly chestnut and jujube
Red hot sunshine
Threw up between chests
Beckoning freshly

Norumok valley along the Dong River
Bloom and fragrance siberian chrysanthemum
Nango (Kim Sat–Gat) was afraid of the sky
So put on a satgat (traditional hat made of bamboo)
Standing carry a bundle on his back
Everybody hopes be satgat with a stick
Wandering poets
Reveals opening one's heart.

생명수

정분이 물들어
사랑이 익어 갈 즈음
핑크빛 생명수가 피돌기를 시작한다

좁쌀만한 가슴엔
그리움의 씨앗과 설레임의 정수를 퍼부어
고독의 가지마다 사랑 꽃을 피운다

진실과 영혼은
순수함의 원천이며
마르지 않는 깊은 생명수다

사랑이 눈멀고 귀 멀면
봄햇살의 개나리처럼
생명력이 샘 솟는다

그 보다 더한 아름다움이
눈부시도록 찬란한 희망의 속삭임이
신비스런 에너지의 제원이
또 어디 있을까

Life-giving Water

Around love to ripen
Be tinged with affection
Life-giving water starts to turn like blood

In miliary heart
Sprayed the seed of longing
And the essence of anticipation
Love blossoms every kind of solitude

Truth and soul is
The source of purity
And deep life-giving water that's never dry out

When love becomes blind and deaf
Like a forsythia in spring sunshine
Vitality wells up

More beautiful than that
Dazzling brilliant whisper of hope
Where else could be
The mysterious resources of the energy.

정(情)이란
-사랑의 씨앗들-

십 수 년 전 어느 봄날
알록달록한 색동옷 입은 귀여운 새 식구가 들었다
눈칫밥에 괄시를 많이 받은 양
도무지 방안엔 들어오질 않고 현관에만 붙어 있다
안쓰럽고 딱하여 안아도 주고 껴안고 뽀뽀도 하면서
온갖 정(情)을 쏟아부은 어느 날
온 가족들의 재롱둥이로 사랑을 독차지 하드니
밤이면 의래 침대에 올라와 팔을 베고 잠을 잔다

그런 동안 또 다른 식구가 시집을 왔다
오순도순 장난에 온갖 아양으로 웃음꽃을 피워대더니
급기야 배가 불러와 재롱이 멈춘다

고요의 밤 달빛만이 창을 두드리고 있을 때
산모의 신음 소리와 고통의 눈물이 망울 망울 젖고
엷은 막을 두른 세 쌍동이가 울음을 터뜨린다
머리도 팔도 다리도 가늠하지 못한 새싹들의 눈동자
이후 나는 졸지에 아버지와 할아버지가 되고 말았다

아기자기 비틀비틀 아장거리면서도
온 가족과 모성의 짙은 향으로 무럭무럭 자라드니
그중 한 녀석이 어느 날 집을 잃고 말았다

What Affection Is
-Seeds of Love-

About ten years ago one spring day
There was a new family of dressed rainbow colors
As it ate salt and much despised in the amount
Be attached only to the porch without coming inside
Just feel sorry and give a hug and a kiss
One day, all poured to the utmost
It monopolizes the love of the whole family adorably
Goes to bed making a pillow of its arm at night

While another married and came in to family
Laughter flowed amidst the family living together
Finally stopped entertaining by becoming pregnant

Silent night knocking on the window with moonlight
Wet tears of pain and moan of the mother
Triplets tear thin membrane breaks out crying
Eyes of sprouts keeping under control head, arm, and leg
After then I suddenly became a father and grandfather

Yet charmingly wobbler
Grow quickly and healthily in the all family and
  maternity
One day one child lost the way to home
Family shout in tears like the mourner's house
Many days passed and at sunset

집안은 온통 울고불고 초상집이 되고 말았다
하루가 가고 또 하루가 또 다른 하루가 가는 해질녘에
동네 여귀를 돌고 돌아 집을 찾은 막내녀석
눈물반 웃음반 엘리베이터를 몇 번씩 오르내리면서도
집을 찾지 못하고 서성거리다
경비 아저씨의 눈에 띄어 찾게 되었다

배고픔에 허기진 누추한 모습에서
반가움과 안타까움이 교차된 짧은 시간들
이러한 해후의 정과 사랑이 이어진지 십 수년
식사도 잠도 목욕도 함께한
숱한 날들의 가족 사랑꽃

어느 날 우리 아파트에
정도 사랑도 모르는 해괴한 자의 괴변에 밀려
눈치를 봐야 하는 사랑의 이변이 생겼다
세상이 잘못인지 인간의 정이 잘못인지
이기의 산물이 낳은 오염 투성이 세상사

배신을 모르는 오직 충성만이 존재한
내 분신들을 보내야 하는
쓰라린 가슴의 눈물
온 가족들의 통곡의 소리가 하늘을 덮는다

또 다른 세상
또 다른 가족을 만나
지극정성 사랑꽃 피우며 행복하려무나
내 사랑하는 재롱이야, 다롱이야

The youngest found the house turning around it
Although half smiling and tearing off
While climbing the elevator a few times
The child didn't find the house and lingered
Until security guard of the apartment building found out

The child looks shabby suffering from hunger
Gladness and sadness were mixed at that time
Following this encounter ten years of love
Together meal, sleep, and bathe
Countless days of family love flowers

One day at our apartment
Be pushed to odd sophistry
Nobody knows about the love of
Occurred extremes of love to look at notice
The world is wrong or human affection is wrong
World affairs are full of contamination
Which produced the product of selfishness

There is only loyalty that doesn't know betrayal
Because I need to send my alter ego
Bitter tears of their hearts
The sound of wailing of the all family reaches the sky

Another world
Meet another family
Be happy and blossom love flowers fully
My dear, jaerongi and Darongi.

광활한 대지위에 쏟아진 세상의 빛들
그대들의 가슴
그대들의 눈빛
그대들의 어깨위로 쏟아지나니
…

환희, 그 절정의 얼굴들

Faces of the Great Jubilation

Light the world poured in open grounds
Over your hearts and glitter of eyes
Poured over your shoulders
...

혼불 지피소서

스승의 길, 문학 길
오직, 사랑과 열정으로 살아오신
님이시여 !

늘 짙푸른 꽃향기 가득 담아
가는 곳마다 뿌리시더니
우람한 느티나무 가지에
학문과 문학의 열매 주렁주렁 매달고
사랑의 빛, 인연의 향기
태양으로 떠올려
오늘을 맞으셨네요

흙에서 묻어난 훈훈한 정(情)에
어머니의 사랑냄새 꽃 피우시고
맛깔스런 된장의 열매 씨로
삶 일궈오신
큰 님이시여 !

님의 가슴에 펼쳐진
고요의 동산에 새들 노래하고
풀벌레 속삭이는 합창이루어
눈부신 영광
황홀한 여생
경건한 성 쌓아가며
영원한 혼불 지피게 하소서
영광의 축복 누리게 하소서

(김남웅 선생님의 교단40년, 문단40년을 축하드리며)

Light the Fire of Soul

The road of a teacher and a writer
You have lived only
With love and passion, Sir !

Every place where you go
You spray fragrance of green flower
An imposing zelkoba tree bears
The fruits of studies and literature
The light of love
And the fragrance of affinity
You greet today like the sun,

The affection of the soil
The flower of Mother's love
The fruit seed of
Delicious soybean paste
You have live with those things
Dear, Grand Mentor of mine, Sir !

Birds are singing in a rilent
Hill that has spread in your heart
Grass insects whisper in chorus
Brilliant glory
Fantastic remaining years
Heap pietistic castle
Light the fire of soul
May Goa gloriously bless you, Sir !

(Congratulations on Mr. Nam Woong Kim's
Forty years of a teachers and a writer!)

환희, 그 절정의 얼굴들

짧고도 긴긴 생(生)의 열정만을 지켜온
KOIMA의 얼굴들이여

숱한 자학과 고통과 번민의 길을 헤쳐
오대양 육대주를 안방삼아 넘나든
그대들의 힘찬 모습
참으로 자랑스럽습니다
참으로 영광스럽습니다

광활한 대지위에 쏟아진 세상의 빛들
그대들의 가슴
그대들의 눈빛
그대들의 어깨위로 쏟아지나니
마음껏 들이켜 대륙을 마시오소서

뿌리 깊게 박혀진 조상의 얼(魂)들
청해진의 이 자리에
그대들의 발자취로
또 하나의 커다란 역사 남겼으니
후세만민에 길이 빛나리니
어찌 자랑스럽지 않겠는가

그대들의 뜨거운 열정 타오르는 가슴은
저 태양과 빙하를 녹이는 초류의 힘 이로다

Faces of the Great Jubilation

Have kept only the passion of short and long life
The faces of KOIMA*

Going out the road of
Countless self-torture, pain, and agony
Go and come frequently to
The Five Oceans and Six Continents
Your powerful lookings are
Indeed proud and indeed glorious

Light the world poured in open grounds
Over your hearts and glitter of eyes
Poured over your shoulders
Have the continents fully

Ancestral spirits rooted deeply
In the place of Cheonghaejin
In the footsteps of your
Left another great history
Remain long the whole nation and all the people
In the future generations after ages
Why would not be proud

Burning passion of your heart
Melts the power of the sun and the glaciers

수많은 태양계 중에 지구는 하나
넓고도 좁은 세상
좁고도 넓은 세상
KOIMA의 깃발아래 하나로 뭉쳐
손에 손 잡고
발에 발 묶어 함께 뛰자구나

자랑스런 내 형제여
자랑스런 KOIMA여
길이 영광 있으라
길이 빛 나거라

The Earth is only one in the solar system
Wide and narrow world
Narrow and wide world
United as one under the banner of KOIMA
Hand in hand and foot in foot
Let us run together

My proud brothers
Proud KOIMA
Glory be long
Shine brilliantly be long.

* KOIMA: Korea Importers Association

무거운 침묵
-숭례문의 비극-

하늘이 무너져 내린 조국의 얼
화마(火魔)에 쌓인 검은 연기가 울부짖고 있다
세계를 향한 민족의 자존
서울의 중심 관문으로 선지 600여년
조상의 얼과 숨결로 다듬고 싹 피워온
자랑스런 칠보단청
우아하고 섬세한 처마 끝자락 마다
선으로 새겨진 민족의 한(恨)
임진왜란 병자호란 동족간의 혈투 속에서도
무언의 눈빛으로 묵묵히 자리한 당신
이렇게 어이없이 무너져 내리다니
참으로 원통하고 통곡의 눈물만이 가슴을 쓰리게 한다

아! 세상의 재앙이 이런건가요
이 시대의 무지한 흉악범의 소행이 이런건가요

만백성 지켜보는 자리에서
속수무책으로 보고만 서 있는 민초들의
울부짖는 통곡
아우성의 마디마디에
울분과 분노의 가슴 찢어지는 소리뿐

아 ! 어찌하오리까
이 답답한 심정
이 어이없는 침묵을

Heavy Silence
–The Tragedy of Sungnyemun–

Spirit of fatherland like crumbling sky
Howling black smoke is in devil of fire
Pride of the nation to the world
Gateway to the center of Seoul has been 600 years
Ancestors' spirit and breath sprout on the trim
Proudful cloisonne dancheong
Every elegant and delicate eave edge
A bitter feeling of the nation carved lines
Despite Japanese Invasion to Joseon Dynasty
The Manchu War of 1636, and domestic conflict
Located in the eyes of silent
Crumbling down absurdly like this
Indeed heartrending, shed tears of vexation bitterly

Oh! Is there such a catastrophe in the world ?
Is there such a felony in this era ?

In the place watching the whole nation
Standing grassroots helplessly
Just watching and wailing cry
In every phrase of clamoring
Resentment and the sound of heart breaking

Ah! What shall we do ?
This stuffy feeling
This astounding silence

조국의 자랑이며
세계의 유산인 숭례문(崇禮門)
이제 그 흔적 사진으로나 볼까요
이야기로나 들을까요

천만년 역사 일구려는 선인들의 뜻
깊게 깊게 되새겨
참회의 상량문(上梁門) 다시 올리자
민족의 자존으로 새롭게 꽃을 피우자

Pride of the fatherland
Sungnyemun of the world heritage
Now we can see the traces in a photograph
We can hear just story telling

Will of ancestors to cultivate history of tens of
  thousands years
Remind it deeply and deeply
Raising it again in penitential prayer
When putting up the ridge beam
Let us bloom new flowers with the nation's self-respect.

조국의 꽃

-세계에 핀 꽃-

세월의 무상함인지
벌써 사 반세기의 기나긴 시간을
하루가 멀다하고 하늘을 헤엄쳐
두리번거린 여정(旅程)
공항에서 거리에서,
어디로 가야할지 모르는 버스에서
밤잠을 설치는 머나먼 이국 땅

보따리장수의 기나긴 여정은 이렇게
시작되었다

반가워야할 황색 핏줄은
희고 검은 색만 못한 분노의 색상 이었다

온 세상이 내려다 본 도서관들엔
한글 맞춤표 한 권 찾을 수 없고
동방의 삼다도를 표시한 지도 한 장이 없다

세상의 이치가 그런 것인가
오피니언 리더들은 생각은 커녕
꿈 마져도 꾸어보지 않으려한다

뜻있는 자의 외로운 여정 속에
씨 뿌리고 가꾸어온 토속의 장속엔
하이얀 한글 꽃이 넘실대고 피어있다
팔괘(八卦)를 그려 넣은 붉고 푸른 물결도
이 하늘 저 하늘을 펄럭이고
말 없는 열사(烈士)는 조용한 미소만 짓고 서 있다

The Flower of Fatherland
–The Flower in the World–

Time and tide are transient
Half a century has already passed
I swim in the sky almost everyday
At the airport or on the street
Or in the bus without knowing the destination
In a distant foreign country I'm sleepless

It was a hard and long
Journey in foreign countries

The yellow–skinned race is
Hateful to some white and black people

In the most of foreign libraries
There is neither books of Hangeul
Nor maps of Samdado of the East

It might be an unreasonable story
Opinion leaders would not be thoughtful
They don't like to dream

In the lone journey of a thoughtful man
He seeded and grow Hangeul
The flower of Hangeul bloom
The flag of eight signs of divination
Make red and blue waves
Here and there in the sky
A silent patriot smiles tenderly.

역사 속의 역사
-서울의 꿈-

정도 600년의 세월 속에
숱한 수난의 역사 간직한 채
묵묵히 살아 온 땅

반도의 분지에 용트림의 좌대를 틀고
대륙을 향한 기상(氣像) 지피던 곳
바람도 세월도 인생의 덧없는
역사 속 한(恨)을 묻고 살아오다

뜻있는 자 의지 하나로 새롭게 태어난
그 깊은 뿌리
숨 막혀 불구자가 되어버린 몸
새 생명 얻으니
은어의 탯줄로 꽃 피어 오른다

또 다른 의지 하나 옹고집으로 태어나
산새도 다람쥐도 야성을 부르는
수목의 터전 만들어
잊혀져간 바람의 연줄
대륙으로 반도로 울을 쳐다오

History in History
–The Dream of Seoul–

Seoul has been the capital city
Of Chosun Dynasty and Korea
For six hundreds years
It has Kept many ordeals silently

It is centrally located in the peninsula
It bears the spirit towards the continent
Wind, time, and man lives in
The transient history with a grudge

A man of will let it bear deep–rooted
The body become a disabled being
A new life blooms with a navel cord

Another will was born stubbornly
Birds and squirrels calls for wild nature
Forest is the site of it
The forgotten wind will a fence
For the peninsula and the continent.

역사의 혼불

한민족의 얼을 잇겠다는
그대들의 뜨거운 열정
장하오이다
감격스럽나이다

작고 초라한 출발이오나
그 끝은 창대하리니
드높은 기상으로
천년의 큰 희망 불꽃을 피우소서

동방의 샛별은
인류의 등불이며 이정표 인 것을
그대들은 아는가
한얼의 동지들이여

그대들의 불타는 욕망
창공에 휘날리는 깃발에 매달고
용솟음쳐 들끓는 함성으로 노래 하소서
역사의 탄성으로 혼불 지피소서

그대들 가는 곳에 영광 있으리니
세계가 우러르는 한얼의 정신 받들어
축복의 빛
영광의 빛
빛나게 하소서
뜨거운 함성으로 혼불을 지피소서

The Fire of Soul in History

To link the spirit of the Korean race
Your passion is admirable
And is deeply impressed

Starting small and humble
Your future will be very prosperous
By the lofty spirit
Ignite fireworks with great hope of the millennium

The Morning Star of the East
The light of the human race, and that it is a milestone
Do you know that?
Comrades of one spirit

Burning desire of yours
Hanging the flag flying in the firmament
Sing in seething cry boiling up tension
Light the fire of soul by the exclamation of history

You shall have the glory of where to go
Serve mind of one spirit that world respects
The light of blessing
The light of glory
Let them shine
Light the fire of soul with hot shout.

촛불 시위

쉼터로 만든 역사의 광장엔
역류된 물속에 자연의 숨소리
치어들이 노닐든 곳

어느 날 밤
가냘픈 목소리의 불씨 하나
훨훨 타 오르더니
세상은 온통 촛불 바다로 출렁이고 있다

믿음과 정의에 대한 불신의 시대
허나 인터넷 정보에 녹아내린 민의(民意)의 항쟁은
급기야 혈투장으로 변해버린
서울의 한복판

주인은 간데없고
숱한 색깔의 객들만 남아
오합지졸(烏合之卒)의 불장난을 하고 있다

법치의 세상인지
난세의 치졸인지
고함소리는 우렁차나
해법을 찾지 못한 허수아비 권좌

오오, 애재(哀哉)라
오오, 통재(通才)라
백의의 붉은 힘이 어이타 이꼴인가
오늘의 지성이여
이 시대의 시인이여
말 좀 하려 무나

Candlelight Demonstration

History square became a rest area
The natural breathing in backflow of water
Where fry used to take a ramble

One night
A small ember of one's voice
Burst into flames
All over the area is a rocking sea of candles

Distrust in an era of faith and justice
But struggle of the will of the people is melted
In the internet information
Finally turned to bloody battle
In the heart area of Seoul City

The owner is not here
The only customers left different colors
Playing with fire like a bunch of people

The world of law
Or crudity of anarchy
Though the shouting is sonorous
The throne of scarecrow can not find a solution

Oh, grief! Oh, sigh !
What a strength of white costume is !
Today's intellectuals
Poets of this era
Tell me something, please.

밀레니엄이여 영원하라

어둠을 뚫고 솟는 여명의 빛
진리와 정의의 바른편에서
불의와 편협과 타협을 거부하는
생명의 원천들
그 길이 문학이며 삶의 철학인
밀레니엄의 길이 아니던가

살아 천년 죽어 천년
영원한 생명의 목소리 높이자던
그대들의 필력
어디에 이르렀는가

방황과 갈등의 길 멀리 멀리 접고
잠시도 멈출 줄 모르는 그대들의 정열
영혼의 깨우침으로 일어서서
불멸의 작품 남기시라
생명의 진리 남기시라

오늘,
화려한 무대의 주인공
그대들의 길 또한 밀레니엄의 길이로다
세상은 넓고 우주는 무한하다

우리들의 생각은 짧고 옅으나
정의와 진리의 길은 높고도 넓은 무한대의 원천이다

Long live the Millennium

The light of daybreak towering over darkness
In the right side of truth and justice
Refuse to compromise with injustice and intolerance
The origin of life
The way is literature and philosophy of life
Isn't the way of Millennium

Man is alive and dead one thousand years
respectively
To enhance the voice of eternal life
Your force of the pen
Where has it reached

Fold far the way of conflict and wandering
Your passion never stops for a while
Stand up to awaken the soul
Leave immortal works
Leave truth of life

Today, the hero of splendid stage
Your way is also the way of Millennium
The world is wide and the universe is infinite

Our thoughts are short and shallow
The path of justice and truth
Is a source of high and wide infinity

가볍고 얇은 무지개 빛 꿈을 접고
뼈를 깎고 혈을 용해해 내는 고뇌의 흔적
필력으로 남겨
영원한 그대들의 목소리
우주를 떠돌게 하라
생명의 진리로 영원케 하라

우리가 바라던 길
그 길이 아니던가
우리의 삶이
그 길이 아니던가
밀레니엄이여 영원하라
밀레니엄 가족들이여 영원하라

Fold light, shallow, and iridescent dream
Signs of distress that mowing the bones
And dissolves the blood
Leave the force of the pen
The voice of thy eternal
It will float along the universe
Be eternal the truth of life

The way we wish is that way
Our living is that way
Long live the Millennium
Long live the Millennium families.

용서와 사랑 나누라
–김수한 추기경을 추모하며–

세상에
이런 푸짐한 사랑을 주심에 감사합니다

어려움과 시련의 세월 속에도
좌표를 잃지 않고
항상 바른 길만을 부르짖던 님
서두르지 않고 모나지 않으면서
강인하면서도 부드럽기 한없는 당신
이제 꿈길에서나 마주칠 님이기에
안타깝고 가슴 아픔을 어이 말 하리오

세상의 빛이
민심의 빛이
님에게 쏟던 날
이제 어느 하늘에 맞추어 비추어야 하나요

당신이 그토록 사랑했던 이 땅엔
아직도 부족한 용서와 사랑의 마음
가득한 세상인데
어이 눈을 감고 떠나시려 하시나요

가난과 나약한 자 위한 당신의 은총
종교와 이념의 벽을 뛰어넘어
인간의 참모습만을 내 비추시던
그 큰 빛
어이 따르라 하시나요

Forgive and Love
-To the Memory of Cardinal Soo-Han Kim-

In this world
Thank you for prodigious love

In the hard time and ordeal
You didn't lose coordinates
You always mentioned righteous ways
You didn't hasten
You were powerful and soft
Now we would meet in the dream
We are heartbreaking

The light of the world
The light of the people
Rays forth to you
Now where should the light ray to ?

You loved this country so much
Still a lot of people don't know
How to forgive and love
You close your eyes and
Leave for the Heaven

You blessed poor and weak people
You crossed over religion and ideology
You rayed light to goodness
How should we follow the great light ?

우리 생명이 다 하는 날
기쁨의 날개 펴고 마주하는 그날 위해
당신의 외침
사랑하고 또 사랑하며
용서하고 또 용서하는
베품의 은총 내리게 하소서

We wish that after our death
We will meet you blessedly
You exclaim us that
Love and love again
Forgive and forgive again
Bless us.

마(魔)의 화신

인간의 탈을 쓴
검은 악마의 화신은
천사들의 몸값을
그들의 형제들과 바꾸자며
히잡으로 가린 총뿌리를 드리댄다

역사 속에 소용돌이치는 성전(聖殿)에
사랑과 봉사의 넋을 심기위한
동방의 어린 양들을
토굴에 감금하고
피 말리는 줄 당기기에 희생되는 씨앗들

금세기에 빠져든 사상과 이념의 논쟁
흑(黑)과 백(白)
홍(洪)과 청(靑)의 갈등 사이에
큰 사랑의 구원 펼치려는
어린 양떼들의 행진을
지켜보며 돌려다오

그대들도 천륜은 있거늘
이슬람의 자존과 명예
더럽히지 말아다오

(주) 탈라비들이 파키스탄에 봉사간 선교사들을 납치한 사건

Incarnated Devils

Wearing masks of human
The black incarnated devils hold
Angels to ransom and force to
Exchange with their brothers
And he had a gun covered with hijab

In the swirling history at a sanctuary
For planting the soul of love and service
Lambs of the East
When confined to a crypt
The seeds of victim of a toughest tug-of-war

All the ideas and ideals of this century
The debate has to mention black and white
Conflict between red and blue
Want to expand the salvation of a great love
Watch the march of the little lambs
And return them safely

If you have Natural Law
Do not defile the pride and glory of Islam.

〈제4시집 평설〉
시의 숲 소요기(逍遙記) – 정찬우의 시

채수영(시인. 문학비평가. 문학박사)

1. 시의 나라 건설

무릉도원(武陵桃源)이나 유토피아라는 낙원의 개념은 아무래도 인간의 뇌리에서 나오는 이미지에 둘 것 같다. 다시 말해서 인간이 추구하는 가장 편안하고 아늑하면서 행복을 느끼는 일을 꼽으라면, 사람에 따라 각기 다른 말들이 나올 것이다. 더러는 아름다운 사람과 사랑을 말하는 이도 있을 것이고, 혹은 좋은 경치에 탐닉(耽溺)한다는 주장도 대두될 것이다. 그러나 예술-아름다운 선율의 음악도 있을 것이고 또는 그림 속에 들어가는 인간의 감수성일수도 있을 것이다. 그러나 이성간의 사랑은 일시적이고 인내를 수반하기에 쉽게 피로 증후를 느낄 수도 있고, 권력이나 금력 또한 언젠가는 하향곡선에서 비극을 맞는 경우가 많을 수도 있다. 결국 최종 결론은 예술이라는 무드 속에 들어갈 때, 받는 정서적 느낌을 마지막엔 운위(云爲)하게 될 것같다. 그러나 이런 이론은 많은 논란의 숲을 헤쳐야 알게 되는 절차가 있다. 예를 들면 플라톤은 이상 국가에서 시인 추방론-- 예술의 불필요를 말했을때, 그의 제자인 아리스토텔레스는 스승의 이론에 반기를 든 말이 예술이란 있는 것을 그리는 것이 아니라 "있음직한 것"(probability)을 그리는 일이라는 말로 정리했다. 현대 예술은 여기서 이론의 발원점이 출발한다는 것은 누구나 아는 일이다.

예술 중에서 시를 말하면 가장 지난(至難)하다. 왜냐하면 언어의 복잡한 결합 원리와 이미지의 구성 혹은 비유 또는 은유나 정서 감염 등등 하나하나를 따진다면 결국 시의 표정을 만날 수 없는 지경에 이르지만, 좋은 시 한편의 향기는 어떤 예술보다 긴 생명력을 가지고 있으며 전달의 광파성과 영속성은 어떤 예술도 따르지 못하는 특징이 담겨있기 때문이다. 마침내 인간의 행복함을 느끼는 본질-시에 둘 수 있는 논리적인 근거는 아름다운 혹은 좋은 시 속에 들어가는 일이라는 뜻에서 결국 시를 찾는 작업에서만 아름다움의 문이 열린다는 주장을 외면할 수 없게 된다. 인간에게 행과 불행의 느낌은 인간의 선택적인 문제로 귀결되기 때문에 강요할 수는 없을지라도 좋은 시는 행복을 전달하는 이름이라는데 손을 들 것이다. 그렇더라도 어찌보면 시는 힘없는 무기력의 표본일 수도 있다. 그러나 절망과 아픔에서 한구절의 시에는 강한 에너지로의 원기를 나타낼 수 있다면, 분명 시는 보이는 가치로 말하는 대상이 아니다. 다시 말해서 한 구절의 시를 읽고 인간 내면에 저장된 강력한 자장(磁場)을 발휘할 때 시의 힘은 위력을 나타내는 기능을 수행한다는 의미 앞에 경건(敬虔)해질 수밖에 없다. 시를 사랑해야 하는 이유는 실재적인 가치의 거론이 아니라 보이지 않고 숨어있는 의미를 발굴하는 작업이 내적으로 길을 열을 때, 시의 표정은 환한 이름으로 다가오는 대상이기 때문이다.

2. 시로써 세상 말하기

정찬우의 시를 거론하는 입구에서 장황한 예술론을 들먹이는 이유는 두 가지에 접점이 있다. 하나는 그는 무역업을 하는 사업가라는 다소 시와는 이질적인 직업을 가진 사람이라는 당혹과 만나는 일이고 둘째는 일상의 사업과 병행하여 시를 가장 중요한 또 다른 사업(事業)으로 여긴다는 점--이는 어느 시인도 그런 일에 신명을 걸지 않았다는 특이성을 거론하게 된다. 그가 중요한 정신의 사업으로 여기는 밀레니엄 문학회를 통해 발간하는 문예잡지 《문예사랑》을 2005년부터 지속적으로 발간하는 일-대부분의 잡지 운영자는 신인장사로 연명하는 일이

태반이지만 정찬우의 잡지에는 그런 악취가 없다는 가상함이 우선이고 또 게재(揭載)하는 작품의 질이 높은 편-원로시인을 위시해서 훌륭한 시인의 작품을 만날 수 있다는 점이 두드러진다. 셋째는 《문예사랑》의 주요 사업이 세계 유명도서관에 우리 책을 보내는 일과 세계한민족 도서관 건립과 문학비 건립 등 국가가 해야 할 일을 작은 문학회에서 할 수 있다는 목적의 진지함은 언젠가 빛나는 업적으로 기억될 것이다.

3. 시의 표정과 진지함

시는 시인의 표정이고 또 시의 내면을 보여주는 점에서 거울이다. 물론 시의 표정은 직설적으로 보여주는 것이 아니라 항상 외면하기 혹은 낯설게 나타내는 일이 대부분이지만 비유나 상징 혹은 언어장치를 해체하면 결국 시인의 진솔한 표정을 만나는 결말에 이른다.

시인은 언제나 자기를 나타내는 일에 최선을 다한다. 이 말은 시인의 신명을 도(賭)하면서 자기를 나타내는 일이 일상이어야 한다. 왜냐하면 시는 곧 시인 자신으로 길을 만들고 그 결과에 승복하는 일로 최종 목표에 접근하는 일이 된다는 뜻이다. 왜냐하면 시는 곧 창조라는 말에 수용되는 일이 근본이기 때문이다. 문학의 장르 중에 창조라는 말을 사용하는 경우는 시 이외에는 없다는 말을 대입하면 쉽게 이해할 수 있을 것이다.

1) 사랑법 그리고 직선(直線)그리기

정시인의 시는 진지하다. 시의 주요 내용을 이루는 사랑이나 삶의 여러 방식 그리고 그리움이라는 뉘앙스가 상당한 부분을 차지하면서 시인의 내면을 보여주고 있다. 또한 삶에 대한 성찰이 투명하고 확고하다는 점에서 생활인의 모습이고 성실한 태도에서 그의 시는 아름다움을 창출한다. 먼저 사랑의 이미지로부터 출발한다.

사랑은
고뇌와 희열
슬픔과 기쁨의
폭풍우 속에서도
사랑불에 타는 행복

사랑은 그렇게
싱그러운 신록의 목소리로 왔다
사랑한다
사랑한다 외치면서
꿈으로 잠들게 하는 환희

〈사랑은〉에서

사랑은 접촉을 위한 열망으로부터 시작한다. 다시 말해서 대상과 대상이 하나로 합치하기 위해 의식의 열망이 작동되면 불빛으로 승화되는 마지막 단계에 이르러 너도 없고 나도 없는 '빛'의 정화작용이 시작된다. 불빛은 곧 사랑의 표징(表徵)이면서 궁극의 정점일 때, 일종의 화학적 반응으로 마무리 되는 것–'고뇌와 희열' 이나 '슬픔과 기쁨'의 단계를 거치면서 마지막엔 사랑의 불에 타는 '행복'에 도달하게 된다. 이처럼 정찬우의 시는 논리적인 단계를 확보하면서 이지적인 길을 독자에게 전달하는 점에서 유별한 자리에 서게 된다. 사랑이 오는 것은 소리도 빛도 아닌 것이지만 비유하자면 '신록의 목소리'에서 두 사람은 하나의 발성법에 이른 ' 환희'와 '행복'의 등식은 '사랑 한다'의 소리에 포괄된다. 〈들려주고 싶은 이야기〉나 〈가을엔 사랑을 하자〉, 〈사랑이야기〉, 〈사랑은〉 등의 시는 정찬우의 정서의 깊이를 방문하는 사랑의 감수성이지만 각기 다른 개성으로 접합하는 점에서 특징이 있다.

새싹이 영글어 가는 시절
설레이는 금빛 사랑 보았네

탐스럽고 빛고운 정념에
눈 멀고 귀 먹은 사랑 있었네
봉오리져 피어오른 만개의 시절
현란한 불꽃 사랑 보았네
생의 극치점에 광란의 팡파르 울리고
아기자기 꿈놀이 사랑 있었네

찬란한 빛 잃어가는 시절
서성이는 그윽한 사랑 보았네
백설이 희뿌연 바람 속에
희미한 옛그림자 속절없는 사랑 있었네

꽃잎 지기전
한 조각 빛나는 슬픔으로
서녘 노을 일깨워
열정의 맥박 솟구치는 사랑 하나 있었네
〈사랑이야기〉에서

사랑은 모든 사람에게 공통적으로 삶의 기둥이고 원소가 된다. 마치 어머니의 자애(慈愛)처럼 사랑을 떠나서는 생명의 의미가 무효화 할 것이다. '금빛사랑'으로 출발한 사랑은 때로 맹목(盲目)의 어둠을 방황하기도 하고 꽃처럼 화려한 극치점에서 놀람을 맛보기도 했고 더러는 속절없는 아픔에 치유를 소망하는 사랑도 있었을 것이고, 꿈놀이의 철없는 동심의 깊이에 빠져 허우적이는 일상도 경험했을 것이다.

그러나 궁극의 사랑은 항상 열정의 맥박을 간직하는 진솔하고 질박(質朴)함에서 순수한 인간을 만나는 일에 도달하여 행복을 맛보는 일로 사랑의 종착은 임무를 다할 수 있다. 정찬우의 사랑법은 그처럼 우회하는 것이 아니라 직선으로 가는 선(線)과 같다는 점에서 묘미를 나타낸다.

2) 삶의 호흡법

시인은 살면서 시를 쓴다. 이 평범한 논리는 살아 있는 자만이 시를 쓸 수 있다는 엄정한 사실 앞에 겸손해야할 조건이 따라온다. 다시 말해서 시인은 거짓과 위선에서 멀리 떠나 진솔해야하고 투명하고 깨끗한 삶을 살았을 때, 아름다움의 진경(眞景)이 나타날 수 있기 때문에 시인의 삶은 그런 조건에 이를 때, 시적 감동은 누선(淚腺)을 장악할 수 있게 된다. 〈일상〉, 〈삶의 여정〉, 〈아름다운 사람〉, 〈삶의 힘〉, 〈그대 있기에〉, 〈인생의 길〉,〈삶의 가파른 오르막길〉,〈삶의 의미〉 등의 시는 정찬우가 사는 법에 대한 의미를 시화(詩化)로 그림을 그리고 있다.
모든 그림에는 그 예술가의 혼이 들어있어 특화된다고 가정하면, 정시인은 열정과 성실이 바탕을 이루면서 진전된 의식을 물감으로 사용하고 있기 때문에 정서가 아름다우면서도 안정감을 준다.

세월이 정(情)으로
믿음이 사랑으로
꽃 피고 잎 피워 살아가는 삶일진데

온풍(溫風)도 한기(寒氣)도
심신(心身)으로 달라진 지혜의 샘
〈삶의 의미〉에서

생활에는 무엇보다 지혜가 있어야 한다. 지혜란 용기를 때로 필요로 할 것이고 더러는 물러나는 것도 지혜의 목록이라면 나감과 들어감이 균형을 맞추는 일상을 살아가는 덕목이 될 것이기에 무엇보다 앞자리에 있어야할 조건이 된다. 정시인은 그런 정신에 빠른 두뇌 회전이 인상적이다. 왜냐하면 인간과의 정(情)과 믿음 그리고 사랑을 위한 조화는 결국 삶의 바탕을 이루는 요소이기 때문이다.

사랑과 봉사

용기와 지혜는
마음의 풍성함에서 오고

미움과 갈등
불평과 의심은
마음의 허약과 황폐에서 오는 것

마음의 힘에서 아름다움이 태어나고
사랑에서 연민이 태어나는 것

평화란 싸움이 없는 것이 아니라
마음의 힘으로부터 생긴다

〈삶의 힘〉에서

삶의 힘이란 어떻게 살아야 하는가의 문제로 귀착될 때, 그 방법을 찾는 일은 '마음의 힘'으로부터 시작되고 또 그 전개과정은 조건을 이루는 명제가 '사랑과 봉사' '용기와 지혜'를 가질 때, 마음의 풍성함이 달성된다면 이와 대척점에 있는 '미움과 갈등'이나 '불평과 의심'을 해소할 수 있는 정신의 에너지를 확보하는 현명성의 일상을 얻게 될 것이다. 사랑은 이런 경우 바탕을 이루는 인자(因子)라면 평정한 마음에서 지혜가 나오고 또 평화와 사랑은 생활의 밝음을 나타내는 길을 만들게 될 것이라는 주장이다.

생(生)이란 순례의 길
되돌아 본 여정(旅情)
바람으로 구름으로 흘러

〈삶의 여정〉에서

일상을 떠도는 일은 순례의 길이나 다름이 없다. 목적지가 명확할 수도 있고 또 무료함으로 때우는 일 일수도 있다. 어느 것이든 인간사(人間事)는 떠도는 일로 명제가 된다. 명확한 목적으로 행로를 확보할 수 있을 때 건실(健實)함을 얻을 수 있고 앞과 뒤에 균형있는 삶의 가치를 획득할 수 있는 길을 확보한 셈이라는 주장이다. 여기엔 나그네 의식이 자리 잡고 있음도 사실이다. 누구에게나 인생사에서 나그네로의 방랑을 떠나지 않는 사람은 없기 때문이다.

삶의 진정성은 항상 비유로 다가든다. 가령 열심히 산다는 경우 소-〈소〉에선 정찬우의 참모습이 투영되어 시를 구성한다.

> 네게 주어진 운명에
> 순종과 복종으로 믿음만을 강요당하지만
> 온갖 고통 침묵으로 일관된
> 너의 기개(氣槪)는 어디서 나오는 것이냐
>
> 〈소-침묵〉에서

소처럼 산다는 것은 때로 어리석다고 할 수도 있다. 그러나 충직하고 근면하고 열심히 사는 것을 비유할 경우 진정한 찬사가 될 것이다. 약삭 빠르고 권모술수와 거짓으로 위장한다해도 언젠가는 진실로 벗겨지는 것이 진리의 이름이기 때문이다. 시인은 소를 통해서 순종과 복종--이는 비겁이 아닌 진정함일 때 나오는 헌신과 같을 것이기에 때로는 인간의 삶의 진실한 가치관을 말하는 일은 시(詩)만이 가질 수 있는 비유의 힘으로 보인다.

3) 여정-가을 정서

떠남과 돌아옴은 자연의 순환에 걸린 문제라면 불가(佛家)의 인연법과도 상통하게 된다. 오는 것은 곧 가는 것이고 가는 것은 다시 제자리로 돌아올 때, 생명의 순환에는 변화가 일어난다. 우주의 원리에 따르는 인간의 삶에 대한 궤도는 이렇게 질서정연한 법칙을 수용해야만 존재를 유지할 수 있게된다. 왜냐하면 우주의 질서와 상반된 리듬에서 인간은 도태 아니면 존재할 수 없는 이치와 같기 때문이다. 사계절은 저마다 특징이 있다. 시인도 봄을 좋아하거나 가을 혹은 겨울 등의 호오(好惡)에 따라 개성을 나타내는 방법이 각기 다르다. 그러나 정시인은 가을의 시인인 것 같다.

가을은 조락의 낙엽에 대한 쓸쓸함이 있는가하면 우수(憂愁)를 불러오는 자연의 변화에 심상(心想)의 넓이가 외로움으로 변하기도 할 뿐만 아니라 고독한 의상을 걸치고 방황하는 하늘에 빠지기도 한다. 정찬우의 시에 가을은 여타 계절보다 많은 빈도를 가지고 있다. 낙엽이 떨어진 길을 걷다보면 우수나 쓸쓸함 혹은 외로움의 그림자를 끌고 가는 행인이 된다. 정찬우는 가을의 정서에서 자신의 생명에 대한 원천의식을 말하고 있다.

세월은 가면무도회처럼
오색찬란한 여운을 입고
꿈과 낭만은 지루한 침묵으로
해거름을 밟고 있다

서녘의 빛이 돌고 돌아
또 다른 상념을 꽃 피울 때면
인고(忍苦)의 시간은 저 만치 비켜서서
푸른 꿈을 향한 축복의 잔을 들고 있다

내면의 충돌이 무지개로 피어올라
색색이 아롱지는 추억을 찾아
갈잎 한 장 날려 보낸다

〈가을(낙엽 길)〉에서

가을 산천은 가면무도회처럼 찬란함이 당연할 것이다. 물감을 엎질러 놓은것 같은 장난의 극치요 꽃보다 더 화려한 시절이 진정 가을의 진면목이기 때문이다. 하여 시인은 낙엽 떨어진 길에

서성이면서 추억을 반추(反芻)하거나 또는 미래를 연상하는 길에 정감을 펼치는 모습이 선연하다. '추억을 찾아/갈잎 한 장 날려 보낸다'는 구체적인 행위가 목적성의 일이기보다는 자연에 취한 연상행동으로 다가오기 때문이다. 이는 '추억과 낭만'이 황혼을 받아들이고 '푸른 꿈'을 향한 의도가 시의 행로를 재촉하는 길에 서 있기 때문이다. 하늘은 인간의 마지막 진실의 심사가 깃든 곳이다. 때문에 하늘을 바라 진정을 확인하는 일이 인간의 오랜 관습이었다.

세월이 불붙는 자리에
또 다른 생명의 꽃 피워
바람으로 구름으로
서녘노을 물들이면
조용히 닮고 싶은 가을 빛 하늘

내 생명의 원천
훨훨 날려 보내
청자빛 허공에 매달고서
마지막 생을 그렇게 닮고 싶다

〈가을 하늘〉에서

인간은 억울한 일을 당하면 진실을 하늘에 두고 맹세한다. 이 경우 하늘은 가장 진실하다는 의도이면서 진리의 깊이를 연상하게 된다. 시인의 가을 하늘아래엔 '생명의 꽃'이 피어나고 황혼의 이름이 물들면 닮고 싶은 시심이 발동되면서 여정의 재촉을 서두른다.

그러나 딱히 목적지를 가지고 떠나는 것이기 보다는 망연(茫然)함이 앞서는 것 같다. 아울러 '생의 원천'을 하늘에 두고 살아가려는 이면엔 진실과 성실 혹은 진리에 다가가려는 의도가 보인다. 정찬우 시인에게는 가을은 곧 삶의 저력이 담겨있고 또 새로운 길을 모색하려는 심리적인 출발이 암시된다.

4) 여정의 감회

여정에는 감회 혹은 새로운 것들과 조우(遭遇)하는 정서가 펼쳐질 때 반응이 시의 촉수를 연장하게 된다. 떠나는 자는 언제나 종착역에 닿게 되고 다시 출발을 모색하는 일상이 곧 사는 일에 모두이기 때문이다.

〈종착역〉은 그런 정서가 표백되었다면, 〈가끔은 이런 날이〉엔 허전을 달래는 나그네의 심사가 외로움에 젖기도 한다.

〈초암산 축제〉에서는 불타는 것 같은 꽃들의 잔치에 초대 손님이 되어 흥을 돋우고, 〈한려수도〉엔 역사의 자취와 시인의 자취에 감동하는 모습이 나타난다.

한 해가 지는 마지막 날
낡은 종착역엔
소리 없는 성근 눈발이 휘날린다

가는 해를 마무리한 몇몇 등산객
산 속으로 빠져들고
눈 덮인 객사(客舍)엔
완행열차를 기다리는
한 쌍의 연인이
플레트 폼의 이정표 속에
그리움으로 서 있다

녹슨 레일을 따라 지축을 흔들고 달리던
그 푸르른 사연들
앙상한 겨울역에 추억으로 서성인다

마른 가지에 매달린 잎새 하나와
길 잃은 철새 한 마리

바람 속에 내리는 하이얀 눈발은
적요(寂寥)로만 쌓인다
〈종착역〉에서

종착역의 쓸쓸한 풍경을 파노라마로 그린다. 눈발이 내리고, 그리움이 일어나고, 추억이 서성거리고, 적요의 고요가 자리한다. 이런 정경은 바로 시인의 정서와 연결되는 점에서 심리적일 것이고 정서의 본질 곧 인간의 본질과 상통해진다. 왜냐하면 시는 곧 시인 자신을 언어로 그리는 그림이고 심리상태를 보여주는 흐름이기 때문이다.

정찬우는 성품이 여린 혹은 내적인 심성으로 보인다. 이런 증거는 결국 언어로 나타나는 징후가 그렇게 말하고 있기 때문이다. 〈가끔은 이런 날이〉에서 '그리운 임의 향기에 취하고 싶은 날'이나 '봄비에 젖어 움트는 새순' 같은 사람을 만나 차를 나누고 싶은 소망 등이 크고 우람한 것이 아니라 작지만 정감이 가는 뉘앙스를 전달하기 때문이다. '가끔은 이런 날이 몹시도 그리워 진다'를 달성하는 일이야 어려운 숙제도 아니지만 섬세함에서 오는 소망이기 때문에 정감의 깊이를 더욱 승(勝)하게 작용한다는 뜻이다.

5) 그리움

사랑을 이루기 위한 단계는 초입이 그리움으로 출발한다. 물론 개성에 따라 다르겠지만 대체로 그리움은 확연한 목적으로 나타나는 것이 아니라 자연스런 발로(發露)에서 정서화가 이룩된다. 이런 현상은 품성 혹은 인간미라는 말로 정리할 수도 있을 것이다.

시는 사물에 대한 반응이라 말한다. 하늘을 바라보면서 눈물을 흘리는 반응이거나 물을 보고 갈증을 연상하는 사람이거나 여러 가지의 반응은 결국 시인의 체험과 정서가 복합적으로 작동할 때, 나타나는 특색이라면 한 가지 사물에서도 똑 같은 경우는 있을 수 없다. 다시 말해서 정량화 또는 계량화는 개성을 무력화시키는 일이라는 이유에서이다.

> 초롱초롱한 눈망울 아가씨는
> 금새 쏟아 부을 것 같은
> 생수를 머금고 서있다
> 누군가의 그리움이
> 아니면 어떤 슬픔의 애잔함이 스치듯
> 〈눈물의 여왕〉에서

'생수'의 이미지가 마시는 물이 아님은 단박에 알 수 있는 문제이지만 눈물이라는 직접적인 말보다는 훨씬 감각적이다. 생수를 머금고 있는 아가씨의 모습에서 연상되는 슬픔의 농도는 가슴을 저리게 하기 때문에 그리움의 애절성을 더욱 깊은 인상을 정리한다. 다가오지 않는 누군가와 거리(距離)를 좁힐 수 없을 때, 그리움의 자락은 길어진다. 아마도 정시인은 나이에 비해 훨씬 여린 심성으로 --이른바 '사람 좋은 아저씨'와 같은 인상을 느끼게 된다. 눈물이 많은 것은 곧 정시인 자신으로 의미가 귀환하기 때문이다.

> 밤이 깊었습니다
> 별빛만이 초롱이 반짝이는
> 어둠 속에서
> 또 다시
> 내일을 잉태해야 하는
> 고달픈 밤입니다
>
> 바람결에 스쳐간
> 당신 얼굴 그리워
> 화첩(畵帖)을 펼쳐 본 공허한 마음에

별빛마저 차갑습니다

허공을 수놓는
은하수의 빛으로
메마른 가슴에
활활 타오르는 모닥불
지펴 보렵니다

〈밤이 깊었습니다〉에서

시간을 밤에 놓고 시적인 전개가 조용하다. 어둠에서 내일을 잉태하는 지점을 지나면 그리움의 요소가 일렁이고 그리움은 상승하는 모닥불로 전개된다.

이런 진전은 매우 건강함을 상징한다. 즉 어둠이 침잠(沈潛)하는 이미지에서 내면의 이미지가 잉태와 그리움을 대동하면서 마지막엔 모닥불로부터 빛의 환함을 획득할 때, 상승하는 이미지가 밝음을 유도하는 길을 찾아가기 때문이다. 이런 이유 때문에 고달픈 밤이 녹아들고 공허조차 별빛에 연결되어 빛이 되고 메마른 가슴이 모닥불로 따스함을 유추하는 정서화가 매우 인상적인 전개로 시적 안도감을 정리하게된다.

6) 시로 말하기

시인은 하고 싶은 말을 시로 정리한다. 산문과는 달리 시는 응축이고 축약이기 때문에 항상 조용하고 명상적이면서 온화함을 유도(誘導)하게 된다.

정신의 안온함을 주는 시의 특성이 곧 산문과는 다른 길에 운명을 이끈다는 것은 시인의 개성이 그만큼 독특해야만 한다. 〈그대 있기에〉, 〈문학의 길〉, 〈시인의 길〉을 읽으면 얼마나 시적인 생활에 동경을 갖고 살아가는가를 짐작하게 되는 바, 시로써 시론을 정리하는 느낌을 준다.

이 세상
단 한 사람
당신이 있어 행복했고
세상 끝나는 날
흔적으로 남길 시 한 편 있어
삶의 의미를 갖는다

〈그대 있기에〉에서

그대가 시의 의인화의 상징일 때 절대의 관계를 유지하고 싶은 소망이 들어 있다.

시인의 삶의 의미이자 부동의 연결고리를 형성하면서 마지막을 의미하는 '세상 끝나는 날'까지 동반자의 체온을 갖고 싶은 절대소망이 차라리 안타깝다. 시를 생각하는 주장이 결국 '시 한 편'이면 모든 지상의 의미를 달성하는 것과 맞먹는 중량감이 된다는 이유에서 그렇다. 절대의 중량이고 가치의 최우선을 상징하는 말이기에 무게가 있다는 뜻이다. '그대만이 희망이며/그대만이 세상의 빛임을/어찌 모른다 하겠는가' 〈문학의 길〉처럼 시는 곧 희망이고 빛이라는 이유로 삶의 가치가 모아든 절실성이 차라리 안타깝다.

너는
선비중의 선비요
미래를 설계하는 예언자인 것을

펜과 글은
정의를 일컫는 말이며
말은 곧
세상을 휘두르는 칼인 것을
잊었는가

너의 몸짓
너의 눈짓
너의 손가락이
천년을 넘나드는 묵시인 것을
〈시인의 길〉에서

매우 엄숙하고 진지하다. 그만큼 시에 대한 접근이 침착하고 진솔하기 때문에 시를 사고(思考)하는 폭이 진실로 가까워지는 느낌이다. 한마디로 시인을 정의하는 요지는 ㉠선비 ㉡정의 ㉢묵시의 오랜 시간을 왕래한다는 요지가 된다.

시는 고래(古來)로 선비만의 전유물이 아니었다. 기생에서 천민에 이르기까지 시적 표현은 다양했기 때문이다. 하여 시를 말할 때 시정신(poetry)이라는 말로 대신한다. 또한 시인은 유달리 민감한 사회정의에 깨달음을 준다. 대서사시 《실낙원》을 쓴 밀턴은 혼탁한 영국 왕정에 반기의 글을 쓴 것도 불합리와 모순에 저항하는 행동의 일단이었다. 하기에 시인은 오랜 시간동안 정의와 맑음을 건져 올리는 수원지의 역할을 다했기 때문에 시가 문학의 앞자리에 있을 수 있는 묵시적인 이유가 나변(那邊)에 있음이 아니다.

7) 부모 그리고 허무

모든 시인은 부모의 마음을 갖고 있고 또 부모의 입장으로 돌아가기를 염원한다. 다시 말해서 부모의 이미지는 따스함과 자상함 그리고 사랑의 상징과 같기 때문에 언제나 고향으로의 가는 길잡이가 된다.

아버지는 기둥으로의 신뢰가 있다면, 그 특성은 다이내믹함일 것이고 어머니는 따스한 사랑이 안온한 인상을 주는 점에서 정적(靜的)이고 안정적일것--이는 상호 보완적인 점에서 필연적인 이름이 부모일 것이다.

평생을 사랑과 봉사와 희생만을 강조하시고
우애와 조국애에 남다른 열정을 보이시던
그 모습
오늘도 내 혼미한 잠을 깨워
채찍질하신 아버님

언제나 그 큰 뜻 따르려는
의시는 있으나
바람에 흔들리는 촛불 같은 존재이기에
소리없이 울부짖는 들풀이 되었나 봅니다

당신의 그 큰 한(恨)의 눈빛을 마주하면
언제나 화사한 빛과 꽃의 향연이 펼쳐지고
그 속엔 언제나 당신이 서 계십니다
〈벚꽃 피던 날의 당신〉에서

회상(回想)적이지만 '긴 여행을 떠나신' 이후에 감회가 더욱 절절하다. 사실 아버지는 엄하고 어머니는 자애(慈愛)롭다 말하지만 다만 말을 아끼는 성미 때문에 가까이 가기엔 너무 어려움이 따르는 것이 아버지의 공통성일 것이라면, 정시인도 생전의 아버지에 대한 거리감이 느껴지지만 돌아가시고 난 후에 이것이 후회의 목록으로 정리되는 느낌을 준다. '사랑과 봉사' 그리고 희생으로 살아오신 아버지의 추억은 이제 '큰 뜻'의 높이가 되어 시인의 생을 지배하는 원망(願望)으로 작동될 때 아버지의 교훈을 여전히 살아있음을 확인하는 효심이 보인다.

삶의 고난과 역경 속에서도
항상 살아 숨 쉬는 그 이름
거룩한 그 모습입니다

거칠어진 손마디
억새풀처럼 휘날리는
하이얀 정 일지라도
영원한 그리움으로
영원한 생명으로
사랑 넘치게 하소서

〈어머니〉에서

모성은 항상 따뜻하기에 잊지 못하는 그리움으로 변모하기도하고 가슴속에 정감의 에너지로 작용하면서 다가가고 싶은 열망이지만 부재(不在)에 따른 아픔이 더욱 기승을 부리는 인상이다.

일상의 고달픔을 인종(忍從)하면서 오로지 자식만을 위한 맹목(盲目)조차 아름다운 이름이 어머니라면 살아갈수록 아쉬운 그림자만 길어지는 그리움에 대한 정감이 새롭다. 마치 바람을 이기는 들판의 하얀 '억새풀'처럼 어머니의 모습에는 엄숙한 생명에의 동경이 지극히 인상적인 결과 '사랑 빛'을 소망하는 기도처럼 정갈하게 시인의 정신속에 담겨 있다.

삶의 근원을 찾는 일이 어머니의 사랑을 애달파하는 일에 시의 초점이 모아지면서 돌아보는 마음에 어머니는 영원한 등대의 손짓으로 시인의 길잡이가 되는 느낌을 준다.

8) 문화의식

국가 발달의 척도를 문화(文化)에 두어야 한다. 그러나 문화라는 말을 정의하기란 매우 어려운 일이다.

그만큼 복잡하고 다기한 양상이 되기 때문일 것이다. 그러나 인도와 셰익스피어를 바꾸지 않겠다는 영국의 자존심을 문화의 가치로 의미한 뜻이다.

우리에겐 세계적인 한글이 있지만 말로만의 허세일뿐 초라한 대접이 안타까운 일이다. 자음은 발음기관을 본떠서 만들었고 모음은 천.지.인 삼재(三才)를 본떠 만든 바, 우주의 원리가 결합된

한글이지만 정작 그 사용 가치에는 무지한 것이 우리의 실정이다. 외래어가 압도하는 세상이 되었기 때문이다.

생명의 근원인 가족
조상과 조국의 뿌리 없이
참사랑이 존재할까나
내 것과 우리 것을 소중히 가꾸고 귀히 여길 때
진정 참사랑을 노래할 수 있으리니
진정 조국을 노래할 수 있으리니
〈우리 말 우리 글〉에서

조국을 사랑하는 것은 곧 우리말과 글에 애착을 가질 때, 비로소 진정한 깨우침이 될 것이라면 불란서의 경우는 귀감이 될 것이다.

알퐁스 도데의 〈마지막 수업〉은 불어의 가치가 얼마나 대단한가를 역설적으로 상징하고 있는 소설이었고, 시골 언어였던 초기 독일어가 문호 괴테에 의해 세계적인 언어로 거듭난 사실은 매우 시사적이다.

위대한 문학은 곧 위대한 언어의 문화민족을 만들 것이라는 뜻이기 때문이다. 아울러 정찬우는 남대문이 불타는 현상을 무지와 몽매로 한탄하는 기개에는 문화적인 애착이 남다른 것을 느끼게 한다.

또한 그가 문화 사업으로 진행하는 뜻을 집약한 〈집념의 씨앗〉에서 '지구촌 구석구석마다/널려있는 세기의 도서관들엔/저마다의 민족의 뿌리들 난무한데/한글 맞춤표 하나 보이지 않는/동방의 작은 나라'의 걱정이 진지하다.

이런 의식은 문화가치의 높이를 갖출 때, 비로소 진정한 국가의 발전에의 의미를 갖는다는 주장에 설득을 갖는 이유가 될 것 같다. 앞으로의 세기는 문화가 곧 국력의 척도가 분명할 것이기 때문이다.

4. 에필로그- 숲을 가꾸는 시인

시는 항상 열려진 마음을 나타낼 때, 개방적이고 그 개방 속에는 다양한 의미가 집합되어 나타날 때 시의 범주는 확대된다. 정찬우의 시에 핵심 기둥이 사랑의 마음이고 여기서 다양한 의미군을 형성하면서 또 다른 영역으로 확대 재생산된다.

삶을 생각하는 깊이가 진취적이고 희망을 바라보는 시야의 확대가 다른 시인들과는 앞장선 거리감에서 인도자의 역설을 특징으로 한다. 이는 그가 살아오면서 느끼는 생의 참된 의미를 경험으로 체득한 결과로 생각하면 그의 시는 때로 교훈적인 손짓도 되는 것 같다. 시인은 계절에 민감한 정서를 노래로 환치(換置)한다면 가을의 정서가 고운 빛으로 나타나는 풍경화가 대부분이다. 여기엔 허무라는 인간 본연으로 가는 고독이 숨쉬고 있음은 시인의 정서가 그만큼 내성적인 품성으로 정리되는 이유가 될 것 같다.

사랑을 이루는 전(前)단계가 그리움이라면 매우 나이브하고 섬세함에서 그의 가락에는 정감이 스며있다. 때문에 친근한 아저씨 같은 음성이 시의 특성으로 다가온다.

시를 단순한 노래로 바라보는 것이 아니고 인생의 깊이를 통찰하는 점에서 정찬우의 시(詩)-시로 쓴 시론은 설득력을 갖는 이유가 내재한다.

부모를 애틋하게 회고하는 정감이나 우리의 문화를 아끼고 사랑하는 것은 곧 조국애를 우회적으로 나타내는 그의 행동철학과 밀접한 이유가 정찬우가 시를 쓰는 내면의 진솔한 이유로 생각될 때 기쁨이 앞선다. 이 모든 사항을 정리하면 생각의 시인이자 깊이의 숲을 가꾸는 원정(園丁)의 성실한 시인이 정찬우이다.

〈Criticism〉

Chan Woo Chung's Poems; The Ramble in the Woods of Poetry

Soo Young Chae, Ph.D.
Poet, Literary Critic

1. Construction of Poetry Realm

An Arcadia or a Utopia in the concept that comes from human mind. Poet Chan Woo Chung raises nobility and beauty as to whether the material world actually exists or whether it may be an illusion, a figment of the imagination. Whether poems enjoy a substantial existence without or is only in the apocalypse of the mind, it is alike useful and alike venerable.

All we ever really know are impressions in the mind, not the actual things themselves.

It suggests that the mind is the primary force and that the external world is just an extension of the self. There is the essentially Platonic notion that intellectual concepts have more reality than changing physical things. The material aspect of things changes as our angle of vision changes.

This angle of vision, which can thus be changed artificially or mechanically, suggests the difference between the poet and readers. Mankind is the most significant thing in the universe. Poet chung is being far more poetic than consistently unphilosophical. This implies that a poet is a thinker who emphasize what is tangible or seeable over the spiritual and intuited.

2. To Say the World with Poems

Poet Chan woo Chung is characteristic of two affairs in relation to poetry. Firstly, he is a businessman who engages himself in international trade.

Secondly he regards poetry as another important business of spirit. He is president of the Millennium Literary Society of Korea. He has been publishing literary magazine, 《Munyesarang》 that means "love for literary works" since 2005.

We can appreciate famous poems through the book. It is a sort of Renaissance movement of today. Thirdly, Chung have donated 《Munyesarang》 to major libraries and organizations both in this country and in the world. He is a patriot because he sacrifices himself for Renaissance movement.

3. The Expression and Sincerity of Poetry

Poetry is the expression and mirror of a poet. Through his imagination the poet lifts the material world into an ideal sphere. That is, Chung is not grounded like the man who can see things only through his senses. He receives a kind of alternation between action and thought in man, and it is his thoughtful periods which then produce new creations.

When sprouts grow
I saw golden love throbbingly
I was blind and deaf
Owing to the enviously true love
When the bud of love was in full bloom
I saw flame-colored love
It sounded a crazy fanfare
There was a dreamily harmonious love

When the brilliant love fade out
I saw the lingering love
In blizzard there was a dim shadow
It was transient love

Before petals fall
With a piece of luminous sorrow
There was palpitant love
In the twilight.

("Love Story")

Love is the pillar and element of life for everybody. As mother's love the life without love is meaningless. When the poet speaks of love he is referring to the Platonic theory. He observes that one of mom's nobler urges is love. One aspect of love for mankind is the delight we feel in the perception of the primitive sense that becomes a tonic or medicinal to the fatigued body or mind. He believes that love is absolute in mankind; that is, the desire for love in an ultimate end.

Time in like a masked ball
Reverberation shines brilliantly
In various colors
Dream and romance tread
Silently the sunset

Bloom other meditation
The time fo patient endurance
Glasses of blessing for blue dream

An inside collision becomes a rainbow
An oak leave will be flown
Searching for colorful reminiscence.

("Autumn The Road of Fallen Leaves")

The landscapes of autumn are brilliantly beautiful. In autumn a sort of solitude, suitable for philosophical contemplation, comes to man alone with nature.

The poet believes that meditative feeling can emerge from the physical environs of nature, an integrity of impressions made by manifold natural objects. The lover of nature is he whose inward and outward senses are truly adjusted to each other.

His intercourse with nature becomes the mechanism of healing power.

The last day of the year
At the last railway station
It snows sparsely and silently

To send off a year
Few climbers go to mountain
A pair of lovers
Wait for a slow train
At the snow covered station
They stand on the platform in yearning
Seeing the table of distances

Green affairs used to run
Along the tumultuous railroad
Memories linger around
The desolate winter station

There is a leaf hanging over
A dry branch
A lost migratory bird
In the wind
The snow falls softly on the ground

("The Last Station")

The poet describes the lonely scenes of the last station panoramically.

He displays imaginative insights and intuition. Its effect is like that of a higher thought or a better emotion coming over him. He suggests that the lonely appearance corresponds to some state of the mind, and that state of the mind can be described by presenting appearance as its picture.

The night grew late
Only stars twinkle
In the darkness the weary night
Get pregnant tomorrow again

I yearn your face in the wind
I open the album
The starlight is cold
Because my heart is void

As the milky way embroiders the sky
I build a bonfire
In the dry heart of mine
("The Night Grew Late")

In the middle of the night time the development of the text is lubricative. Both learned and innocent men sometimes limit their powers of imagination and fair to speculate.

The foundations of man are not in matter, but in spirit and sentiment. Man who is somehow at war with his inner self naturally beholds a fragmented world. The invariable mark of wisdom is to see the miraculous providence of seasons in the common. Every season presents itself beautiful scenery.

As far as we conform our mind, that will unfold its great proportions.

A poet, you are a scholar of scholars
You are a prophet
Who plans the future

Pen and writing mean justice
Did you forget that
Speech is a sword
That wields the world

Your gestures
Your eyes
Your fingers
Those are the revelation
That had survived for a thousand years
("The Way of a Poet")

The atmosphere of the poem is very austere and ingenuous. Chung defines what he means by a poet, "a poet is both a scholar and prophet who plans the future". Poetry belongs to rational creatures in proportion to the energy of the thought and will. poets stretches out their arms to embrace man, let their thoughts be of equal greatness. The intellect which contemplate poets may conceive the urge to reproduce it. This urge the creation of poem is art. Poets seek to concentrate or extract poetry in their respective manners and knowledge. Chung seems to portray a kind of morality of poetic language. The poet is an interpreter of man's will and philosophical mind, Poetry is really man's infinite yearning to know the truth and solemnity.

4. Epilogue: A Poet Growing Forest

Although the core of Chan Woo Chung's poetry is love

and yearning futhermore he mentions about morality and discipline. Nature is also fundamental and significant to Chung's thought. He is a poet of ideals whose virtues rest in his personal force and integrity.

There is vitality in Chung's exhortation to live squarely in the present and trust to its insight. He seeks to broaden and deepen life by helping each man to discover and reinforce his own poetic power. There is a refined exuberance of thought and imagery which is excellently representative of the dynamic force, the poetic spirit of Chan Woo Chung at his best.

〈시인 약력〉

정찬우(鄭燦宇)

회사 ; 현우트레이딩(주)
주소 ; 서울시 서초구 서초3동 1588-7 석탑오피스텔 210호
전화 ; 02-588-4671~2 02-588-5653 FAX ; 02-588-4673
e-mail ; hyunwoot@hanmailnet

학력 ; 경희대학교 경영대학 경영학과 졸업
서울대학교 경영대학원 졸업
중앙대학교 국제경영대학원 졸업

경력 ; 현우트레이딩(주) 대표이사
도서출판 밀레 대표이사
(사)한국수입업협회 문화예술위원장 역임
밀레니엄문학회 회장
(사)세계한민족 책사랑 무궁화협회 회장
(사)한국수입업협회 부회장 역임
살레시안 연합회 부회장
한국민족문학회 부회장
(사)한국현대시인협회 중앙위원
(사)한국문인협회 저작권옹호위원; 월간문학 편집위원
(사)국제펜클럽한국본부 감사 역임
(사)국제펜클럽한국본부 자문위원
KOIMA CEO 합창단 단장
(사)서울오라토리오 합창단 단원
(사)난파합창단 단원

〈About the Author〉

Chan Woo Chung, Poet

Office ; Hyun Woo Trading Co., Ltd.
Rm 210, Seoktop Officetel Building,
1588-7, Seocho-3dong, Seocho-gu,
Seoul, Republic of Korea.
Telephone ; 02-588-4671~2 02-588-5653
FAX ; 02-588-4673
E-mail ; hyunwoot@hanmail.net

Education ;
BA ; College Business Administration
Kyunghee University, Seoul
MBA ; Graduate School of Business Administration
Seoul National University
MBA ; Graduate School of International Management
Chung Ang University, Seoul

Experiences ;
President of Hyun Woo Trading Co., Ltd.
The Mille Publishing Company
The Culture and Arts Committee of
Korea Importers Association (KOIMA)
The Society of Millennium Literature in Korea
The Association of Book love and Hibiscus Syracuse
of World Korean People
Former Vice President of Korea Importers
Association (KOIMA)
Vice President of the Federation of the Korean Salesians
Vice President of the Association of Korea National Literature
Member of the Society of Modem Poet in Korea
Member of the Copyright Protection Committee of the
Korean Writer's Association
Ex-auditor of the Korean Center of the International PEN
Consultant member of the Korean Center of the International PEN
Director of KOIMA CEO Chorus
Member of the Seoul Oratorio Chorus
Member of NamPa Chorus

수상 ; 부원문학상,
한국민족문학상,
탐미문학상,
문학21문학상,
에피포도문학상(미국)

저자 ; 「다국적 기업의 다국적 마케팅 전력」
「한국의 플렌트 수출 전략」

논문 ; 한국기업의 중국투자 진출에 관한 연구
한국의 중남미 전출 전략 등 다수

시집(한,영 대역시집) ; 「내 영혼의 하얀 미소」,
「내게 사랑 하나 있네」,
「꽃으로 선 당신」,
「가끔은 이런 날이」

Literary Prizes ;

The Boowon Literature Prize
The Korea National Literature Prize
Tahmee Literary Prize
Literature 21 Prize
Epipodo Literary (U.S.A.)

Books ;

Marketing Strategies of Multinations Enterprises
The Strategies of Export of Korea, and Others

Articles ;

A Study of Investment in China
A Study of Investment in Middle and South Americas

Korean–English Collection of Poems ;

The Write Smile of my Soul,
There is a Love Me,
You Stand Like A Flower,
Sometimes This Day

〈번역자 약력〉

최홍규(催鴻圭)

영문학 박사, 문학 석사, 문학사, 디프로마

시인, 수필가, 문학평론가, 번역가
영어, 불어, 독어에 능통함
중앙대학교 인문대학 교수, 명예교수

미국 하버드대학, 예일대학 풀브라이트 교환 교수
영국 케임브리지대학, 런던대학(UCL) 객원교수
프랑스 파리대학(소르본대) 연구교수

한국문학과 종교학회장
한국번역문학회장, 한국농민문학회장

한국문인협회 문인복지위원
국제 PEN 한국본부 이사, 국제교류위원
한국시인협회 상임, 중앙위원

에피포도 영시 문학상
PEN 번역 문학상
헤밍웨이 문학상
황조근정 훈장

톰 존스의 모험 ; 헨리필딩
허영의 시장 ; 윌리엄 메이크피스 쌔커리
윌리엄 워즈 워스의 명시선
로버트 브라우닝의 명시선
정찬우 시집 ;『내 얼굴의 하얀미소』 외 3권

〈About the translator〉

HONGKYU A. CHOE ;
PhD, MA, BA, Dip, Certif

Poot Essayist, Literary Critic, Tramslator
Being proficient in English, French, and German
Professor, Professor emeritus; Chung-Ang University

Fullbright Exchange Professor ;
Yale University, Harvard University, USA
Visiting Professor ;
University of Cambridge, University of London (UCL), UK
Research Professor ;
University of Paris (Sorbonne), France

President ;
The Korean Society for Literature and Religion
The Association of Translation Literature of Korea
The Nongmin Literature Society of Korea

The Korean Writers Association ;
Committeeman of Welfare Committee
International PEN Korea Center ;
Secretary for International Public Relations
The Korea Poet's Association
Standing Committee Member
"Epi-podo Award"(English Poems, USA)
PEN Translation Award (Korea Center)
Hemingway Literary Award (Korea)
The Order of National Public Service Merit
(Whangjo Geunjeong Hunjang)

Translation ;
Tom Jones by Henry Fielding
Vanity Fair by William Makepeace Thackeray
Selected poems by William Wordsworth

가끔은 이런 날이
Sometimes This Day

2014년 11월 10일 인쇄
2014년 11월 18일 발행

저　　자 정찬우
발 행 인 정찬우
펴 낸 곳 도서출판 밀레
등록번호 제2-4078호
주　　소 서울특별시 서초구 서초3동 1588-7
석탑오피스텔 210호
대표전화 02) 588-4671~2
팩　　스 02) 588-4673
E-mail hyunwoot@hanmail.net
hyunwoot@naver.com
ISBN 978-89-97815-08-1 03810
값 / 10,000원

인지는 저자와 합의하에 생략합니다.
파본된 책을 바꾸어 드립니다.